El DADOR DE SUEÑOS

BRUCE WILKINSON

CON DAVID Y HEATHER KOPP

Publicado por
Editorial Unilit
Miami, Fl. 33172
Derechos reservados
© 2004 Editorial Unilit (Spanish translation)
Primera edición 2004

La parábola de *El Dador de Sueños* es una obra de ficción. Los personajes, incidentes y diálogos son productos de la imaginación del autor y no se definieron como reales. Cualquier semejanza con hechos verídicos o personas, vivas o muertas, es una total coincidencia.

Traducido al español por: Nancy Pineda
Ilustraciones por: Steve Gardner, His Image Pixel Works

A menos que se indique lo contrario, las citas bíblicas se tomaron de *La Santa Biblia Nueva Versión Internacional.* © 1999 por la Sociedad Bíblica Internacional.

Producto 495329
ISBN 0-7899-1173-6
Impreso en Colombia
Printed in Colombia

CONTENIDO

PRIMERA PARTE

LA PARÁBOLA DEL DADOR DE SUEÑOS

SEGUNDA PARTE

EL VIAJE A TU GRAN SUEÑO

Este libro es para todo aquel que espera y cree que logrará alcanzar algo importante en su vida.

David y Heather Kopp fueron una parte vital en la creación de este libro. Contar con su compromiso, entrega, habilidad y aliento fue una gran inspiración. Gracias, mis buenos amigos, por ser Campeones para este Soñador.

Sobre todo, deseo reconocer al mismo Dador de Sueños. Puesto que sin Él, ninguno de nosotros tendría un Sueño convincente en el cual ocupar nuestras vidas.

PREFACIO

¿Crees que cada persona en la tierra nació con un sueño para su vida?

No importa a dónde viaje en el mundo, ya sea entre el superpoblado Manhattan o entre las aldeas al sur de África, todavía no he encontrado una persona que *no* tuviera un sueño.

Sin embargo, allí está.

A este universal y poderoso anhelo le he llamado un Gran Sueño. Como el código genético que describe tus pasiones únicas y habilidades, tu Gran Sueño se ha entretejido en tu ser desde el nacimiento. Eres la única persona con un Sueño como el tuyo.

Y lo tienes por una razón: ¡acercarte hacia la clase de vida que naciste para amar!

Bienvenido a mi nuevo libro, *El Dador de Sueños*, una práctica e innovadora guía para conseguir tu Gran Sueño.

El Dador de Sueños consta de dos partes.

La primera parte es «La parábola del Dador de Sueños». Esta es la historia de Ordinario, un don Nadie que abandona la Tierra Familiar en busca de su Gran Sueño. La parábola sigue a Ordinario en el viaje a su Sueño. Esta historia te presentará las grandes ideas de las que deseo hablar en la siguiente sección.

A la segunda parte se le llamó «El viaje a tu Gran Sueño». En esas páginas te serviré como Entrenador del Sueño, ayudándote en la solución del problema y a alcanzar un importante logro personal. Esta sección se creó para inspirarte a lo largo del viaje hacia tu Sueño. Para mucha más ayuda, te invito a visitar www.TheDreamGiver.com, donde encontrarás soluciones creativas e interactivas para la gente que va tras su Sueño.

Al escoger una parábola a fin de enseñar sobre los Sueños, procuro seguir una larga y honorable tradición de comunicar importantes principios de la vida a través de una sencilla historia. C.S. Lewis y *Las Crónicas de Narnia*, por ejemplo. O Juan Bunyan y *Progreso del Peregrino*. ¿Y quién puede olvidar las parábolas del Buen Samaritano y el Hijo Pródigo? A fin de comunicar la verdad a la gente de todos los tiempos y culturas, quizá la parábola sea la herramienta de enseñanza más poderosa disponible.

Si leíste *La oración de Jabes*, te encontraste con un hombre poco conocido del Antiguo Testamento que se negó a conformarse con menos. Deseaba con desesperación huir de las limitadoras circunstancias y expectativas en las que nació. Por lo tanto, clamó a Dios por bendición, por mayores fronteras y para que el poder y la protección les acompañaran. Y Dios le dijo que sí.

Si oras así, tu vida cambiará. Dios desea expandir tus fronteras. Conducirá tu vida en una dirección donde serás capaz de prosperar, aunque también a un lugar en el que enfrentarás grandes retos que nunca antes afrontaste.

En este libro, a esta dirección la llamo Su Sueño para ti.

Pronto, cada Soñador aprenderá que el camino hacia el futuro que tú en realidad deseas está bloqueado con amenazadores obstáculos del Sueño. Es por eso que tantos se vuelven atrás. Sin embargo, lo que muchos no se dan cuenta, y que yo pasé por alto durante años, es que cada obstáculo es también una importante oportunidad. Los obstáculos se presentan en una previsible secuencia, y cada uno por una muy prometedora razón.

Mientras mejor comprendas el viaje a tu Sueño y lo que Dios hace en tu vida, menos probable será que abandones tu Sueño.

Por lo tanto, déjame preguntar: ¿Tuviste un sueño en la niñez que perdiste a lo largo del camino? ¿Tienes un sueño ahora mismo que parece imposible perseguir? ¿Te parece que hasta Dios olvidó darte un Gran Sueño? ¿O estás tras tu sueño, pero experimentas un revés tras otro?

Si tu respuesta a cualquiera de esas preguntas es sí, ¡este libro es para ti! Por favor, únete a mí para el viaje de tu vida.

Dios permita que tu corazón cante a medida que aceptes lo que fuiste creado a ser y hacer.

Con afecto,

Bruce Wilkinson

Johannesburgo, Sudáfrica

PRIMERA PARTE

LA
PARÁBOLA
DEL DADOR
DE SUEÑOS

CAPÍTULO UNO

ORDINARIO ACEPTA
SU GRAN SUEÑO

*N*o hace mucho tiempo ni muy lejos de aquí, un don Nadie llamado Ordinario vivía en la Tierra Familiar.

Cada día era casi igual para Ordinario. En las mañanas se levantaba e iba a su Trabajo Habitual. Después del trabajo, comía casi lo mismo que había cenado la noche antes. Luego se sentaba en su butaca y veía la caja que hipnotizaba a gran parte de los don Nadie durante la mayoría de las noches.

A veces, Mejor Amigo venía aquí a unirse a Ordinario delante de la caja. Otras veces, Ordinario iba a la casa de sus Padres y la veían juntos.

Por lo general, en Familiar no pasaban muchas cosas que no hubieran pasado antes. Ordinario pensaba que estaba contento. Encontraba confiables las rutinas. Se mezclaba con la multitud. Y la mayoría de las veces, solo deseaba lo que tenía.

Hasta el día en que Ordinario notó un pequeño y fastidioso sentimiento de que algo grande faltaba en su vida. O quizá el sentimiento era que *él* se perdía algo grande. No estaba seguro.

El pequeño sentimiento creció. Y aun cuando en Familiar un don Nadie casi nunca esperaba lo inesperado, Ordinario comenzó a desearlo.

❧

El tiempo pasó. Entonces una mañana Ordinario se despertó con estas palabras retumbando en su mente: *Lo que te estás perdiendo, tú ya lo tienes...*

¿Sería cierto? Ordinario miró una y otra vez. Y luego descubrió que en un rinconcito de su corazón yacía un Gran Sueño. El Gran Sueño le dijo que él, un don Nadie, estaba hecho para ser Alguien y estaba destinado para lograr Grandes Cosas.

Saltando de la cama, Ordinario descubrió algo más: una larga pluma blanca descansaba en el alféizar de su ventana. ¿De dónde vino? ¿Qué significaba? Con un sobresalto de entusiasmo, Ordinario decidió que iría a visitar al Dador de Sueños.

Ahora bien, Ordinario había escuchado rumores de varios de los don Nadie en Familiar que despertaron a un Gran Sueño. Sin embargo, nunca se había imaginado que le pasaría a él.

Se apresuró en vestirse, con su Gran Sueño golpeándole con alegría en su pecho. Estaba ansioso por llegar a su Trabajo Habitual y contarle a Mejor Amigo las noticias.

Aun así, en su camino al trabajo, Ordinario se dio cuenta que tenía un problema. Su Gran Sueño era *demasiado* grande para un don Nadie como él. Le daría vergüenza contárselo a alguien. Es probable que hasta Mejor Amigo se riera.

Sin embargo, Ordinario estaba demasiado entusiasmado como para guardar su sueño para él. En cuanto vio a Mejor Amigo, le soltó las noticias: «¡El Dador de Sueños me dio un Gran Sueño! ¡Me hicieron para ser Alguien y me destinaron para lograr Grandes Cosas!».

Mejor Amigo lo miró sorprendido, pero no se rió. «Eso es muy... *grande*», le dijo. «Así que si yo fuera tú, no le hablaría demasiado de este Sueño a los tuyos. Los don Nadie de por aquí te podrían tomar por loco».

Ordinario no quería que lo vieran como un loco. Por lo tanto, después de eso guardó su Gran Sueño para sí.

❧

Un día tras otro, Ordinario se presentaba a su Trabajo Habitual. Sin embargo, mientras trabajaba, pensaba en su sueño. Pensaba en cuán maravilloso sería hacer lo que le gustaba en lugar de solo fantasear con esto.

El anhelo de Ordinario por su Gran Sueño crecía cada vez más, hasta que al final se dio cuenta que nunca sería feliz a menos que fuera en su busca. ¿Por qué el Dador de Sueños no lo hizo posible?

Si el Dador de Sueños no lo hacía, ¿cómo Ordinario abandonaría jamás a Familiar? Tenía pagos y gastos. Tenía deberes regulares. Un montón de los don Nadie contaban con él para muchísimas cosas.

Ordinario se sintió atrapado por completo. El tiempo pasó, pero nada cambió.

Comenzó a odiar su Trabajo Habitual. *A mí no me hicieron para esto*, se decía. *¡Lo sé!*

Al poco tiempo, comenzó a preocuparle que quizá no recibiera en absoluto un Gran Sueño. Es posible que se lo hubiera inventado todo.

Y por días se ponía más triste.

❧

Una tarde después del trabajo, Ordinario fue a la casa de sus Padres a ver la caja. Sin embargo, su caja estaba rota, de modo que la casa estaba muy silenciosa. Estaba incluso más silenciosa debido a que su Madre fue de compras a Víveres Familiar.

En la quietud, Ordinario comenzó a pensar de nuevo en su Sueño. Examinó a su Padre sentado en su butaca, con la vista fija en el periódico de una sola página *Noticias de los Don Nadie*. A lo mejor *él* puede ayudar.

—Padre —dijo Ordinario—, estoy cada vez más triste. Ya no me gusta mi Trabajo Habitual. Es más, creo que lo odio.

Padre levantó la vista.

—¡Eso es terrible! —dijo—. ¿Qué pasó?

Sin poder detenerse, Ordinario comenzó a hablar acerca del Dador de Sueños y de su Gran Sueño.

—¡Me hicieron para ser Alguien y lograr Grandes Cosas! —dijo.

Y entonces le dijo a su Padre el Nombre de su Sueño. Mientras hablaba, su voz temblaba. Estaba seguro que su Padre se reiría o lo llamaría tonto.

Sin embargo, su Padre no lo hizo.

—No me sorprende escucharte decir esas cosas —le dijo.

—¿No? —dijo Ordinario.

—No —dijo su Padre—. Tú tenías ese Sueño incluso desde que eras pequeño. ¿No lo recuerdas? Tenías la costumbre de construir ese mismo sueño con palos y lodo delante de esta misma casa.

Entonces Ordinario lo *recordó*. ¡Él *siempre* tuvo su Sueño! Era lo que siempre quiso hacer y lo que siempre pensó que sería bueno al hacerlo.

Sus ojos se llenaron de lágrimas.

—Padre —dijo—, creo que *nací* para hacer esto.

∾

Ordinario y su Padre se sentaron juntos en silencio. Al parecer, su Padre también estaba recordando algo. Al poco rato preguntó:

—Cuando despertaste a tu Gran Sueño, Hijo, ¿encontraste... una pluma?

Ordinario estaba impresionado.

—¿Cómo lo supiste? —preguntó.

—Hace mucho tiempo desperté a un Sueño también —dijo su Padre—. Y vino con una larga pluma blanca. Era un maravilloso sueño. Guardé la pluma en el alféizar de mi ventana mientras esperaba una oportunidad de buscarlo. Esperé y esperé. Sin embargo, nunca me pareció posible... Un día noté que la pluma se había vuelto polvo.

De todas las palabras tristes que jamás Ordinario escuchara, estas eran las más tristes.

Antes de marcharse esa noche, su Padre lo abrazó.

—No cometas el mismo error que yo, Hijo —le dijo—. No tienes que quedarte en un don Nadie. ¡Tú puedes ser un Soñador!

∽

Cuando Ordinario llegó a casa, fue derecho a la ventana y recogió la larga pluma blanca. Con cuidado, le dio la vuelta en sus manos. Pensó en su Padre y el Sueño que dejó atrás.

Entonces tuvo una sorprendente idea. ¿Sería que quizá el Dador de Sueños le daba a *cada* don Nadie un Sueño, pero solo algunos aceptaban sus sueños? ¿E incluso pocos iban tras ellos?

Mientras más pensaba en esto, más pensaba que era cierto.

Una cosa Ordinario sabía con seguridad: No quería repetir el error de su Padre. No malgastaría otro día esperando a que su Sueño pareciera posible. Encontraría una manera de ir tras él.

∽

El tiempo pasó. Ordinario trabajaba mucho en su plan a fin de comenzar su Sueño. Hizo decisiones y cambios difíciles. Incluso hizo grandes sacrificios.

Al final, una mañana, estaba preparado.

Ordinario corrió todo el camino hasta su Trabajo Habitual, con su Sueño martillándole en su pecho. En cuanto vio a Mejor Amigo, Ordinario soltó las noticias:

—Ese Gran Sueño del que te hablé… ¡he decidido buscarlo!

Mejor Amigo lo miró preocupado.

—Tú sabes tan bien como yo que los don Nadie que buscan sus Sueños abandonan Familiar —le dijo—. Se ponen en marcha como tontos hacia el Desconocido, en busca de un lugar en el que…

—Sí, sí, lo sé —interrumpió Ordinario—, ¡y tengo muchas ganas de comenzar!

—Aun así, Ordinario, ese viaje es cualquier cosa, menos sensato o seguro. ¿Por qué abandonar Familiar? Se está muy cómodo aquí. Y además, tú *siempre* viviste aquí.

—He pensado en todo eso también —dijo Ordinario—. Sin embargo, mi Gran Sueño es demasiado importante y maravilloso para perderlo.

Mejor Amigo meneó su cabeza.

—Así que te vas a convertir en un Soñador —dijo.

—¡*Soy* un Soñador! —respondió Ordinario—. Hoy voy a decirle a mi Jefe que abandono mi Trabajo Habitual. Mañana comenzaré mi viaje. ¡Eh!, Mejor Amigo —añadió Ordinario con entusiasmo—, ¡te puedes quedar con mi butaca y mi caja!

Y con eso, Ordinario se marchó, tarareando una melodía que nunca antes había escuchado.

La noche antes de abandonar Familiar...

Ordinario decidió usar la larga pluma blanca a fin de que le ayudara a recordar la Verdad. Sacó un cuaderno y en la cubierta escribió «Mi Diario del Sueño». Luego sumergió el cálamo en la tinta permanente y escribió en la primera página:

- El Dador de Sueños me dio un Gran Sueño incluso antes de nacer. ¡Al fin acabo de despertarlo!

- Mi Sueño es hacer lo que hago mejor y lo que más me gusta hacer. ¿Cómo pude perdérmelo por tanto tiempo?

- Tuve que sacrificarme y hacer grandes cambios a fin de ir tras mi Sueño. Sin embargo, valdrá la pena.

- Me entristece pensar que muchos don Nadie se están perdiendo algo tan Grande.

CAPÍTULO DOS

ORDINARIO ABANDONA
SU ZONA DE COMODIDAD

A la mañana siguiente, Ordinario se despertó a la hora de costumbre. Sin embargo, en lugar de presentarse a su Trabajo Habitual, hizo su maleta con las cosas normales. Luego añadió su diario y un frasco de tinta permanente. Justo antes de cerrarla, colocó dentro y con sumo cuidado su larga pluma blanca.

Pronto, Ordinario se alejó del cómodo centro de Familiar, donde vivían casi todos los don Nadie. Se encaminó hacia la Frontera, adonde casi ningún don Nadie iba jamás.

Ordinario nunca antes se atrevió a transitar ese camino. Aun así, como cada don Nadie, sabía que mientras más uno se alejaba del centro de Familiar, las cosas se convertían en menos familiares. Además, sabía que casi todos los don Nadie que trataban de abandonar la Zona de Comodidad de Familiar se sentían tan incómodos, que daban la vuelta y se iban a casa.

Algunos se alegraban tanto de estar de regreso, que se sentaban en su butaca por días, esperando que no pasara nada y suspirando con alivio.

No obstante, Ordinario se dijo que él era diferente a la mayoría de los don Nadie. Perseguiría su Sueño, pasara lo que pasara.

Rebosante de esperanza, Ordinario silbaba su nueva melodía a medida que caminaba y soñaba con las Grandes Cosas que lograría. La vida nunca pareció tan prometedora.

∾

Ordinario no había ido muy lejos, sin embargo, cuando dejó de sentir el deseo de silbar. No sabía el porqué, pero ya no estaba de humor. Luego, a medida que caminaba más lejos, comenzó a sentirse nervioso. El escenario se veía diferente. Las hojas en los frondosos árboles tenían un aspecto diferente.

Ahora cuando Ordinario pensaba en su Sueño, *este* se veía también diferente. Por primera vez vio cómo su búsqueda le causaría un montón de molestias. Tendría que hacer cosas poco conocidas en lugares poco conocidos. Y no tendría su caja para ver.

Entonces tuvo un pensamiento incluso más perturbador: Para hacer lo que más le gustaba, ¡tendría que hacer lo que más le atemorizaba!

De inmediato, el estado de ánimo de Ordinario fue del nerviosismo a la ansiedad. Sus pasos comenzaron a ser lentos. Y él empezó a tener grandes dudas acerca de su Gran Sueño. ¿Qué había estado pensando? *No* tenía el suficiente talento ni la habilidad para tener éxito en su Sueño. Sin duda, era Incapaz de lograr Grandes Cosas. ¿Qué si fracasaba justo delante de los otros don Nadie?

Aun si *lograba* hacer el Sueño, sin duda lo peor de todo es que era Indigno. Ningún don Nadie vería que él no merecía vivir su Sueño. Al fin y al cabo, era solo Ordinario. ¿Es que tal vez el Dador de Sueños tenía la intención de darle el Sueño a algún otro don Nadie más noble que él?

Ya, cada paso era más difícil de dar que el anterior. Su ansiedad creció en temor. Luego más adelante vio un cartel. Decía:

Salida de la Zona de Comodidad de Familiar.
Entrada al Área Fronteriza.

Ahora Ordinario sintió total terror. El sudor le corría por la frente. A duras penas podía respirar. Apenas lograba pensar.

Entonces, del mismo modo que llegó al cartel, Ordinario se topó con una invisible Muralla de Temor.

Se detuvo, incapaz de dar un paso más.

Dejó caer su maleta y se sentó encima de ella.

∽

¿Debía regresar?, se preguntaba. ¿O trataría de encontrar un camino para continuar?

El tiempo pasó.

Luego escuchó estas palabras:

—*¿Por qué estás parado?*

Ordinario reconoció al Dador de Sueños.

—Pienso que debo regresar a mi casa. No soy el adecuado don Nadie para ir tras un Gran Sueño como ese.

—*Sí, lo eres* —dijo el Dador de Sueños—. *Te hice para esto.*

—Sin embargo, no creo que *pueda* hacerlo —dijo él.

—*Sí, tú puedes. Y yo estaré contigo. Te ayudaré.*

∽

Ordinario se quedó donde estaba. Observaba un desconocido insecto que se arrastraba por la punta de su zapato. Extraños pájaros volaban en lo alto.

Al poco rato, se paró y observó anhelante hacia el Desconocido. En algún lugar por allí estaba su Gran Sueño.

Sin embargo, llegar desde aquí hasta allí parecía un camino demasiado difícil.

Luego volteó la vista con ansias hacia Familiar. Recordó con cariño todas sus comodidades: su Trabajo Habitual, su Mejor Amigo, su butaca, su caja. *Había* algo maravilloso donde no pasa nada.

Ordinario recogió su maleta y decidió dar un paso en esa dirección, solo para ver qué se sentía.

Se sentía mejor. Enseguida, su respiración fue más suave.

Así que dio otro paso, solo para ver cómo se sentiría.

Se sintió incluso mejor.

Continuó. Con cada retroceso hacia el centro de Familiar, Ordinario se sentía más cómodo. No obstante, pronto notó que también aumentaba la tristeza de nuevo. Y supo el porqué: Con cada paso que daba, dejaba su Gran Sueño muy por detrás.

Entonces escuchó de nuevo al Dador de Sueños.

—¿*Por qué vas de regreso?* —preguntó.

Ordinario se detuvo.

—¡Porque tengo miedo! La partida de Familiar se siente demasiado espantosa y demasiado arriesgada —dijo él.

—*Sí, lo es.*

—Aun así, si se *suponía* que hiciera este Gran Sueño —exclamó—, ¡estaba seguro que no sentiría tanto miedo!

—*Sí, lo sentirías* —dijo el Dador de Sueños—. *Cada don Nadie lo siente.*

Ordinario bajó la cabeza. Pensó por un momento.

—Sin embargo, *tú* puedes alejar el temor. *Por favor*, ¡llévate el temor! —suplicó—. Si no lo haces, ¡no puedo continuar!

—*Sí, tú puedes* —dijo el Dador de Sueños—. *Llénate de valor, Ordinario.*

Y entonces se fue.

∾

Ahora, Ordinario vio su decisión con claridad. O bien conservaba su comodidad o su Sueño.

¿Pero cómo uno se «llena de valor» cuando no tienes ninguno?

Ordinario lo decidió. Si su temor no lo iba a abandonar, tendría que avanzar a pesar de esto.

Todavía temblando, recogió su maleta, le dio las espaldas a Familiar y se encaminó al cartel. Y aun cuando su temor iba en aumento, Ordinario cerró los ojos y dio un gran paso hacia delante, justo a través de la invisible Muralla del Temor.

Y aquí hizo un sorprendente descubrimiento.

Al otro lado de ese solo paso, el mismo que Ordinario pensaba que no podría dar, encontró que había atravesado su Zona de Comodidad.

Ahora la Muralla del Temor estaba detrás de él. Era libre y su Sueño estaba delante.

Comenzó a silbar de nuevo mientras avanzaba, con su Gran Sueño golpeándole con alegría en su pecho.

Más tarde ese día...

Ordinario sacó su diario y su larga pluma blanca y escribió la Verdad acerca de su Zona de Comodidad.

- *Fue difícil dejar mi Zona de Comodidad. Sin embargo, habría sido aun más difícil dejar atrás mi Sueño, y estoy contento de que no lo hice.*

- *Todavía no me siento digno ni capaz para realizar mi Sueño, pero el Dador de Sueños prometió ayudarme.*

- *Ahora sé un secreto: Puedo «llenarme de valor», aun cuando siento temor.*

- *Mi Gran Sueño estaba al otro lado de esa invisible Muralla de Temor. Tuve que atravesarla. Pensaba que no podía, pero lo hice.*

ORDINARIO SE ENCUENTRA CON LOS INTIMIDANTES EN EL ÁREA FRONTERIZA

*P*oco después de pasar el cartel, el sendero de Ordinario descendió en una pendiente. Delante vio las Aguas Profundas y el puente al Desconocido. Entre él y el puente se extendía el Área Fronteriza, un tramo de terreno llano.

Ordinario estaba sorprendido al ver, parados en el centro del Área Fronteriza, algunos de los don Nadie de Familiar. Uno de ellos, quien lo miró con más familiaridad, se apresuró hacia él.

Era su Madre.

∾

Ella corrió y rodeó con sus brazos a Ordinario.

—¡Ah, Ordi! —lloró—. ¡Mi bebé! ¡Gracias a Dios que llegamos aquí a tiempo!

—¿Pero cómo llegaste aquí tan rápido? —preguntó él.

—Puesto que tú *en realidad* no abandonas Familiar —dijo ella—, ¡no tienes que atravesar todo ese temible malestar!

—¿Pero por qué estás aquí?

—¡Tú no debes continuar! —dijo—. ¡Me alarmé *mucho* cuando escuché que habías abandonado Familiar! Sé que tú nos lo dijiste, pero nunca pensé que lo harías. Con sinceridad, ¿qué estás *pensando*? ¡No es seguro! Te puedes hacer daño. ¡Incluso puedes morir!

—Aun así, ¡es mi Gran Sueño, Madre! —dijo Ordinario—. Es un maravilloso Sueño y deseo ir tras él.

Ordinario trató de tranquilizar a su Madre. Le dijo que en cuanto a Sueños Grandes se trata, el de él solo amenazada su vida un poco. Sin embargo, esto pareció alarmar más que nunca a su Madre.

Mientras atravesaban el Área Fronteriza, Ordinario se encontró con su Tío y Mejor Amigo.

❧

El Tío de Ordinario avanzó primero a grandes zancadas.

—Así que estás decidido a convertirte en un Soñador —le dijo en tono acusatorio—. ¿No te das cuenta de que vas en contra de cada tradición en esta familia? ¿Por qué debes *tú* convertirte en Alguien cuando el resto de nosotros tiene que estar feliz siendo don Nadie?

Antes que Ordinario replicara, Mejor Amigo intervino.

—Antes estaba preocupado, Ordinario —dijo con gravedad—, pero mientras más pienso en esto, más convencido estoy de que no tendrás éxito. ¡No me puedo quedar sin hacer nada y verte caer derrotado!

Ordinario estaba mudo y desconcertado. Había escuchado un rumor acerca de Intimidantes de la Frontera. Sin embargo, suponía que si era cierto, los Intimidantes serían los don Nadie que él no conocía. ¡Nunca se imaginó que fueran los don Nadie que lo conocían bien!

Ahora su Madre, Tío y Mejor Amigo estaban *todos* parados en silencio delante de él, bloqueando su vista al puente de su Gran Sueño. ¿Cómo lograría pasarlos? ¿Debía incluso intentarlo? Necesitaba tiempo para pensar.

Les pidió a sus Intimidantes que esperaran por él. Luego caminó solo a la orilla de las aguas, donde se sentó sobre una gran roca.

Examinando las Aguas Profundas, Ordinario pensó y pensó. Pensó hasta que comenzó a creer que quizá sus Intimidantes tuvieran razón. A lo mejor él estaba equivocado al perseguir su Sueño.

∾

Entonces Ordinario escuchó una voz que lo llamaba por su nombre. Cuando se volvió a ver quién era, reconoció un Alguien. Era Campeón, un viejo amigo de Familiar que solía ser un don Nadie.

—¡Campeón! —exclamó Ordinario—. ¿Qué estás haciendo aquí?

Campeón se sentó en la roca junto a él.

—Cuando escuché que te ibas a convertir en un Soñador, solo *tenía* que venir —dijo—. Sabía que necesitarías ayuda.

—Gracias —dijo Ordinario con un profundo suspiro—. ¿Pero viste a todos mis Intimidantes?

—Los vi —dijo Campeón—. Ellos son Intimidantes, de acuerdo. Sin embargo, piensa en mí como tu Alentador de la Frontera. Deseo ayudarte a abrirte paso a pesar de su oposición.

Entonces Campeón ayudó a Ordinario a comprender lo que estaba pasando.

—Tu madre, Tío y Mejor Amigo solo hacen lo que es natural —le dijo—. Cuando abandonaste tu Zona de Comodidad, en realidad estremeciste las suyas. Cada uno de ellos tiene algo que perder si tú avanzas.

—Eso tiene sentido —dijo Ordinario—. Aun así, ¿qué hago ahora? ¿Cómo pongo a todos mis Intimidantes de mi parte?

—Pues bien, es posible que no seas capaz de hacerlo. Sabiduría es la clave. Trata de comprender lo que los motiva. Busca el valor de sus preocupaciones. Solo necesitas desechar o evitar algunos Intimidantes. Sin embargo, la mayoría de los Intimidantes de la Frontera tienen preocupaciones que te pueden ayudar a aclarar tus planes. Así es cómo un soñador cambia la oposición en oportunidad.

Cuando Campeón se levantó para irse, dijo:

—Aférrate pronto a tu Sueño, Ordinario. Algún día vas a ser Alguien. ¡Lo sé!

Entonces le estrechó la mano a Ordinario y descendió de la roca de un salto.

—Recuerda —le dijo—, cuando los Intimidantes traten de bloquear tu camino, ¡lo que más importa es a quién tú decides agradar!

❦

Ordinario pensó en las palabras de despedida de Campeón. Decidió que era el momento de hablar de nuevo con sus Intimidantes.

A medida que el sol comenzaba a ponerse, andaba de un lado al otro a lo largo de la orilla de las aguas, hablando con ellos. Les contó más acerca de su Sueño. Aprendió de sus preocupaciones. Entonces les dijo que estaba decidido a perseguir su Sueño en el Desconocido.

Al anochecer, Ordinario estaba preparado para atravesar la Frontera. Cuando Madre le pasó su maleta, vio lágrimas en sus ojos.

—He cambiado de opinión. Quiero que persigas tu Sueño. Y tu Padre estará muy orgulloso de ti. Creo que hace años él deseó hacer el mismo viaje —le dijo. Entonces lo abrazó para despedirse.

Ordinario estrechó las manos de Mejor Amigo y su Tío (quien todavía no parecía complacido). Mientras los tres observaban, se encaminó hacia el puente sobre las Aguas Profundas.

❦

En la reunión del crepúsculo, Ordinario falló en notar que otro don Nadie estaba parado en el Puente. Sin embargo, este don Nadie no era un don Nadie cualquiera, era el Amo de Familiar. Era el único que decidía lo que era bueno para un don Nadie. Era el propietario de cada centímetro de tierra. Incluso era el dueño del puente.

—Te niego el acceso a mi puente —le dijo.

—¿Y por qué? —preguntó Ordinario.

—Porque necesito que cada don Nadie permanezca en Familiar en su Trabajo Habitual —dijo el Amo—. No quiero perder ningún don Nadie más por esta tonta idea de los Sueños. ¡No te dejaré ir!

Ordinario se esforzó por no aterrorizarse. Sabiduría le dijo que un antagonista como el Amo era el peor tipo de Intimidante. Tenía mucho que perder *y* no le preocupaba Ordinario.

¿Qué debía hacer ahora? ¿Qué *podía* hacer? Entonces Ordinario recordó las palabras de despedida de Campeón.

Y fue cuando decidió nadar.

Sabía que a lo mejor no lo lograría. Las Aguas Profundas eran muy extensas y él no era un nadador muy bueno. Sin embargo, lo intentaría.

Mientras sus Intimidantes lo observaban, Ordinario bajó hasta las Aguas Profundas. Trataba de entrar cuando sus ojos captaron algo. Un pequeño bote estaba atado cerca de allí.

Cuando se acercó, Ordinario vio una nota en el asiento del bote. La tomó y la leyó:

Ordinario, si encontraste este bote, sé que escogiste agradar al Dador de Sueños. ¡Disfruta un cruce en seco! Tu Sueño aguarda por ti en la Tierra de la Promesa. ¡Te doy mi palabra!

   Campeón

Ordinario desató el bote, guardó su maleta en la parte delantera y lo empujó.

A medida que remaba en las Aguas Profundas, Ordinario observó cómo sus Intimidantes de la Frontera eran cada vez más pequeños. Cuando al fin estuvo seguro de que en realidad dejó a Familiar, dijo adiós con la mano a los don Nadie en la costa.

Sin embargo, para entonces estaba demasiado oscuro para decir si ellos le devolvieron el saludo de despedida.

Esa misma noche...

Antes de irse a dormir en un alto y seco césped al otro lado de las Aguas, Ordinario usó la pluma de nuevo para escribir en su diario.

- Me encontré con los Intimidantes en el Área Fronteriza.

- Cuando abandoné Familiar, trastorné la Zona de Comodidad de los cercanos a mí. Se sintieron como que perdían algo importante.

- Aun cuando mis Intimidantes trataron de detenerme, me ayudaron algunas de sus preocupaciones.

- No pude persuadir a todos mis Intimidantes. Al final, decidí a quién agradaría. Escogí agradar al Dador de Sueños.

CAPÍTULO CUATRO

ORDINARIO ENTRA A LA TIERRA INÚTIL

*O*rdinario se durmió profundo y se despertó tarareando su poco conocida melodía. Los temores de dejar su Zona de Comodidad ya habían desaparecido. Sus Intimidantes de la Frontera quedaron atrás.

Su paso era ligero a medida que viajaba dentro de lo Desconocido. A la vuelta de cada nueva curva esperaba alcanzar la Tierra de la Promesa donde encontraría su Gran Sueño.

Sin embargo, no la encontraba. En su lugar, pronto se encontró en el borde de un gran abismo. Una niebla nublaba la vista debajo. Cuando llegó al fondo, vio lo que tenía por delante. Y lo que observó hizo que se le cayera el alma a los pies. Solo vio kilómetros y kilómetros de arena, rocas y algunos maltrechos árboles.

Estaba parado en el borde de una vacía Tierra Inútil.

¿Cómo viviría aquí algún maravilloso Sueño?, pensó.

No estaba seguro. Aun así, el sendero continuaba, serpenteando en la lúgubre distancia. Por lo tanto, decidió continuar.

❧

Ordinario caminó. Y caminó. Cada vez que tenía hambre, abría su maleta y comía. Y cada vez que tenía sed, la abría y bebía. Y cada vez que pensaba en su Sueño, decidía seguir.

El tiempo pasaba. La piel de Ordinario se quemaba. Sus pies se le ampollaban. Los huesos le dolían. Un día se borraba en el otro. Y entonces un día tuvo hambre y abrió su maleta... y *no* encontró nada que comer.

Ese fue el día en que Ordinario comenzó a preocuparse. Clamó al Dador de Sueños por comida. Sin embargo, no obtuvo respuesta.

Dos días más tarde se le acabó el agua. Llamó de nuevo al Dador de Sueños. Y una vez más no escuchó nada.

Por fortuna, ese fue también el día en que Ordinario se las ingenió para buscar un hilo de agua que manaba de una roca. Al menos ahora solo estaba hambriento. Aunque, si fue lo suficiente inteligente para encontrar agua, quizá lo fuera también para encontrar alimento.

En efecto, no pasó mucho tiempo antes que detectara un extraño arbusto con algunas frutas aisladas colgando de sus ramas. Ordinario probó una. Su sabor no era dulce, pero tampoco era amargo. Así que comió hasta llenarse.

Todavía, el Dador de Sueños no daba señales por ninguna parte.

❧

Pasó más tiempo. Pasaron las horas y días más largos que Ordinario recordara jamás. Desesperado, comenzó a buscar un camino.

Un día siguió lo que parecía un atajo sobre una cima. Sin embargo, conducía a un cañón que terminaba en arena movediza.

Trataba de viajar en la noche cuando había más fresco; pero perdía el sendero.

Cada retraso lo hacía más decidido a encontrar una ruta rápida. No obstante, cada intento solo le llevaba a otro callejón sin salida.

Una y otra vez Ordinario perdía su camino. Una y otra vez clamaba por el Dador de Sueños a fin de que le mostrara la senda. A pesar de todo, no llegaba la respuesta. ¿Por qué confió en que el Dador de Sueños lo guiaría desde el principio?

El día llegó cuando Ordinario al fin se rindió. Se sentó sobre su maleta y se negó a moverse hasta que el Dador de Sueños le mostrara un plan.

Sin embargo, el Dador de Sueños no se apareció ese día. Ni al día siguiente.

Ordinario nunca se había sentido tan perdido y solo. Se sintió enfadado. Cada vez se enojaba más.

Y entonces un viento fuerte y caliente comenzó a soplar.

El viento sopló todo ese día y todo el día siguiente. La arena entró a los ojos de Ordinario. Penetró en sus dientes y orejas.

Cuando al fin el viento paró, Ordinario se puso de pie. Pero hasta donde podía ver, solo había arena. El sendero a su Sueño había desaparecido por completo. ¡Era obvio que todo su viaje a través de la Tierra Inútil fue Inútil!

Ardientes lágrimas surcaron sus sucias mejillas. «Tú no eres un Dador de Sueños», gritó al cielo. «¡Tú eres un Destructor de Sueños! Confié en ti. Prometiste estar conmigo y ayudarme. ¡Y no lo hiciste!»

Entonces Ordinario anduvo desesperado dando traspiés por el arenoso Inútil, arrastrando su maleta vacía detrás de sí. Su Sueño estaba muerto y ahora él deseaba morir también.

Cuando llegó a un maltrecho árbol, se acostó debajo de su miserable sombra y cerró los ojos.

Esa noche durmió el sueño de un Soñador sin sueños.

A la mañana siguiente, Ordinario escuchó algo. Sobresaltado, se fijó y vio a una radiante Alguien sentada en las ramas del árbol.

—¿Quién eres tú? —le preguntó, mientras ella bajaba de un salto al suelo.

—Mi nombre es Fe —le dijo—. El Dador de Sueños me envió para ayudarte.

—Sin embargo, ¡ya es demasiado tarde! —clamó Ordinario—. Mi Sueño está muerto. Cuando más necesité al Dador de Sueños, no estaba a la vista por ninguna parte.

—¿Qué necesitaste que no recibiste? —preguntó Fe.

—Pues bien, si no hubiera sido por las pocas fuentes de agua que encontré —respondió Ordinario—, ¡ya estaría muerto de sed!

—¿Sí? ¿Y? —preguntó ella.

—Si no hubiera sido por la fruta que encontré, ¡sería un esqueleto andante! —respondió él—. ¡Espera! ¡Yo *soy* un esqueleto andante! ¡Puedo morir de hambre en cualquier minuto!

—¡Ah! —murmuró Fe—. ¿Y?

—Pues bien —resopló Ordinario—, una pequeña dirección habría sido buena. Incluso, desde que llegué aquí, ha sido un retraso tras otro. No sé desde cuándo llevo dando vueltas como un loco. ¡Qué Inútil!

—Ya veo —dijo Fe asintiendo—. Entonces, ¿qué harás ahora?

—Solo dime cómo puedo regresar a Familiar —le dijo.

—Lo siento —dijo ella—, pero en eso no te puedo ayudar.

—Me lo imaginaba —dijo Ordinario—. ¡El Dador de Sueños me envió un ayudante que no puede ayudar!

—Quizá tengas razón —dijo Fe—, pero a ti te toca decidir.

Entonces Fe se alejó en una dirección que Ordinario tuvo la seguridad que era equivocada.

❧

Al poco tiempo Ordinario comenzó a pensarlo dos veces. ¿Qué si *él* estaba equivocado? No quiso ser rudo con Alguien llamado Fe. Y comenzó a extrañarla. Se dio cuenta que mientras estaban hablando, él sentía esperanza por primera vez en mucho tiempo.

Ordinario se paró de un salto y oteó el horizonte.

—¡Fe! —gritó. Sin embargo, no se veía por ninguna parte.

—¡Fe! —gritó de nuevo, pero no hubo respuesta.

Entonces Ordinario tuvo una idea. Trepó al escuálido árbol hasta la copa. Desde allí pudo ver a Fe en la distancia. Tan rápido como pudo, descendió y se puso en marcha en la misma dirección.

Más tarde ese mismo día, Ordinario estaba comiendo alguna fruta junto a un chorrito de agua, cuando vio su viaje a través de la Tierra Inútil desde una nueva perspectiva.

Comida suficiente para el día.

Agua, cuando necesitaba beber.

Un sendero a seguir que lo guiaba a la Fe.

¿Cómo pudo haber sido tan ciego? Aun cuando el Dador de Sueños no se veía por ninguna parte, siempre había estado cerca.

Ese también fue el día en que Ordinario observó su maleta vacía y decidió que era el momento de dejarla atrás.

Hizo una improvisada mochila, tomó su Diario del Sueño, la pluma y la tinta, y se marchó.

∾

Después de eso, cada vez que Ordinario llegaba a un maltrecho árbol, trepaba para buscar a Fe. Y cuando la tenía a la vista, marcaba la dirección y comenzaba a andar de nuevo.

Un día, Ordinario se encontró con algunos Soñadores que regresaban a Familiar. Ellos le contaron una triste historia. Cruzaron la Tierra Inútil y estuvieron a punto de alcanzar la Tierra de la Promesa. Sin embargo, entonces se encontraron con Gigantes tan inmensos y abrumadores que los Soñadores pensaban que eran tan pequeños como los saltamontes. Y el Dador de Sueños no estaba por ninguna parte.

Los don Nadie parecían convincentes. Y Ordinario reconoció su fatiga. No obstante, cuando siguieron hablando, vio algo más: Habían dejado de confiar en el Dador de Sueños, y ahora viajaban en dirección opuesta a la Fe.

Cuando los don Nadie le advirtieron encarecidamente que lo que le esperaba delante era demasiado difícil, Ordinario vio algo más. *Él* había cambiado. Su viaje a través de la Tierra Inútil no fue inútil. Ahora estaba preparado para lo que le esperaba, sin importar lo difícil que fuera.

—Que tengan un buen viaje —les dijo a los don Nadie que regresaban—, pero yo seguiré.

Cuando Ordinario continuó a través del desierto, su Sueño golpeó con alegría en su pecho de nuevo. Y mientras más quemaba el sol, más creía que encontraría la Tierra de la Promesa, sin importar cuánto demorara, si solo tomaba el camino de Fe.

Una mañana al otro extremo del desierto...

Ordinario escribió la Verdad acerca de la Tierra Inútil.

- Después de cruzar las Aguas pensaba que mi Sueño estaba al doblar de la esquina. En cambio, encontré una Tierra Inútil.

- Estaba disgustado por la demora. Y mis dudas sobre el Dador de Sueños solo empeoraban las cosas.

- ¡Ahora veo que la Tierra Inútil no era Inútil! Me enseñó la verdad del Dador de Sueños, aun cuando no se veía por ninguna parte.

- Creo que ahora soy más fuerte. Sigo a Fe y cada día me siento más preparado para cualquier cosa que tenga por delante.

CAPÍTULO CINCO

ORDINARIO ENCUENTRA
EL SANTUARIO

*U*na noche, Ordinario soñó que el Dador de Sueños estaba parado cerca de él. *¡Bien hecho, Ordinario!*, le dijo el Dador de Sueños. *Ven a mi Santuario.*

Cuando Ordinario se despertó, estaba junto a un burbujeante arrollo. Cómo llegó allí, o cuándo, no estaba seguro. Sin embargo, la Tierra Inútil estaba detrás de él.

Se preguntaba en su sueño y esperaba que fuera cierto. ¿Estaba el Dador de Sueños complacido con él? ¿Era el Santuario un lugar real y estaría cerca?

Recogió su mochila y decidió seguir el arroyo en la fresca y lozana montaña boscosa que veía delante. Algo parecía atraerlo hacia delante y hacia arriba, pero no podía decir qué era. Aun así, sentía como una Invitación.

❧

Al poco tiempo, árboles gigantescos se elevaban imponentes por encima de Ordinario. Cruzando el área del bosque, se sintió enmudecido, pequeño y tragado por la Grandeza.

Luego comenzó el ascenso. Cada vez escalaba más alto, siguiendo el arroyo, hasta que de repente entró a un claro lleno de brillante luz.

Su corazón le dijo que este era el Santuario y que estaba en la presencia del Dador de Sueños.

Ven a las aguas, escuchó decir al Dador de Sueños.

Delante de él en el claro vio una pequeña cascada que alimentaba un estanque de quietas aguas. Se encaminó a la orilla, luego se deslizó dentro de las más puras aguas que jamás viera. Flotó y chapoteó, enviando diamantes de luces que se esparcían a través del aire.

El tiempo pasó, pero no parecía pasar en modo alguno.

Cuando Ordinario salió del estanque, se habían borrado las últimas huellas de la Tierra Inútil.

∿

Ordinario se quedó en el claro lleno de luz por muchos días. Nunca había sentido tan cerca al Dador de Sueños... tan presente ahora como lo sintió ausente en la Tierra Inútil.

Entonces Ordinario escuchó de nuevo la voz del Dador de Sueños.

Ven a la luz.

Fue entonces que Ordinario notó que la luz, que había estado brillando a todo su alrededor, estaba ahora brillando *a través* de él.

Temblando, observó. Y miró adentro de su corazón. Vio cosas que dijo e hizo que no quería ver. Vio la rebelión, el egoísmo y la traición. Y a dondequiera que miraba, veía tinieblas.

Las lágrimas comenzaron a correrle por sus mejillas. «¡Llévate mis tinieblas», suplicó. «¡Dame tu luz!»

Y el Dador de Sueños lo hizo. Se llevó las tinieblas de Ordinario y le dio su luz.

Entonces el Dador de Sueños dijo: *Acércate a mí.*

Y Ordinario lo hizo.

Una y otra vez, Ordinario penetraba más profundo en la luz. Y mientras más se adentraba, más se sentía uno con el Dador de Sueños.

Después, el Dador de Sueños habló de nuevo.

Ven más alto, dijo.

◆

Ordinario comenzó a subir de nuevo la montaña, su paso era ligero. Ansiaba descubrir lo que el Dador de Sueños tenía guardado para él.

Al poco tiempo, Ordinario emergió a una cumbre. Descubrió que se encontraba en una amplia meseta de roca, desde donde divisaba una gloriosa escena: un río abajo, luego un extenso valle y, encima de este y a lo largo del lejano horizonte, una resplandeciente franja de brillantes montes.

—¡La Tierra de la Promesa! —gritó sorprendido Ordinario—. ¡Tiene que ser!

—*Sí* —escuchó decir al Dador de Sueños.

Ordinario lanzó un grito de victoria.

—¡Lo hice! ¡Mi Gran Sueño está justo allí! —gritó.

—*Sí*.

A Ordinario le invadía la felicidad. Al fin su Gran Sueño estaba a su alcance. ¡Ah, cuánto anhelaba que Mejor Amigo, sus Padres y cada don Nadie en Familiar estuvieran aquí para ver lo que él veía en este momento!

—*Ordinario* —dijo el Dador de Sueños.

—Sí —respondió Ordinario.

—*Dame tu Sueño*.

—¿Qué quieres decir? —preguntó Ordinario—. Es mi Sueño. Tú fuiste el que me lo diste.

—*Sí. Y ahora te pido que me lo devuelvas*.

Ordinario estaba conmocionado, aunque ni siquiera podía pensar.

—No puedo —le dijo al Dador de Sueños—. Y no lo haré.

❧

Ordinario se paseaba de un lado a otro en el borde de la cumbre, tratando de comprender lo que acababa de pasar. ¿Por qué el Dador de Sueños desearía llevarse su Gran Sueño? ¿Cómo pudo pedírselo? Sobre todo ahora, cuando Ordinario había llegado tan lejos.

No era justo. Ni siquiera era bueno.

Entonces Ordinario tuvo una idea. Quizá había una salida.

—¿*Tengo* que devolvértelo? —preguntó.

—*No* —dijo el Dador de Sueños—. *Algunos deciden no hacerlo.*

Por lo tanto, tenía una elección. *Podía* guardar su Sueño. Sin embargo, en lugar de sentir alivio al pensar en eso, Ordinario se sentía confundido y triste. ¿Qué iba a hacer?

Se desplomó en la roca. Pensó por un gran rato. Al final, vio lo que estaba en juego.

Podía agradar al Dador de Sueños y rendir su Sueño. O podía ir en contra de los deseos del Dador de Sueños y guardar su Sueño, pero a riesgo de perder el placer del Dador de Sueños.

La elección quebrantó su corazón.

El tiempo pasaba. Ordinario pensaba y pensaba un poco más. El sol se puso y salió de nuevo.

A la luz de la mañana, sus ojos se fijaron en una suave y lisa piedra cercana. Al recogerla, notó que la piedra encajaba a la perfección en la palma de su mano. Entonces vio una palabra grabada en su superficie.

Recuerda.

¿Qué significaba?, se preguntó. ¿Era la piedra un mensaje del Dador de Sueños o de otro Soñador? ¿Qué debía recordar?

Sosteniendo la piedra, Ordinario se puso a pensar de nuevo. Recordó a Campeón y Fe. Ellos deben haber enfrentado esta elección. ¿Qué le dirían ahora?

Recordó el regreso de los Soñadores. Todavía podía escuchar sus tristes y amargadas voces. No pudieron rendir sus Sueños aquí, ¡ni siquiera confiaban en el Dador de Sueños!

Una y otra vez le daba vueltas a la piedra en la palma de su mano. Al final, sus pensamientos se volvieron al Dador de Sueños. Este siempre cumplió sus promesas. Siempre fue bueno con Ordinario, aun cuando no se veía por ninguna parte y nada parecía tener sentido.

Entonces Ordinario supo lo que tenía que hacer… no, lo que *deseaba* hacer.

Llevó su mochila al borde de la roca y se sentó. Tomó su diario y su larga pluma blanca e hizo su última anotación sobre su Gran Sueño.

> *Rindo mi Sueño a ti, Dador de Sueños. He decidido que soy yo el que no puede continuar sin ti.*

Después Ordinario dejó su diario abierto sobre la roca. Ya no lo necesitaría más. Puso la pluma y la piedra en su bolsa y comenzó su lento descenso hacia el río.

∽

Más tarde ese día, Ordinario llegó al río. Nadie lo esperaba allí. Ahora, no tenía Sueño ni plan. Sin embargo, sintió una profunda paz.

Se metió en el río y lo atravesó a nado, arrastrando su mochila detrás de sí. En la orilla lejana salió. Y la primera cosa que vio fue su diario, yaciendo abierto sobre la hierba.

Su corazón se aceleró, lo recogió y leyó:

> *Ordinario, te devuelvo tu Sueño. Ya puedes usarlo para servirme. Ahora puedes lograr en verdad Grandes Cosas. Y yo estoy siempre contigo.*

Ordinario se arrodilló en la ribera y lloró de gozo. El Dador de Sueños era más bondadoso, bueno, maravilloso y digno de confianza de lo que jamás se imaginara.

En ese momento, cuando Ordinario observó a su Sueño rendido, vio que había crecido. Ahora su Sueño ya no era solo sobre Ordinario. Ya era parte del Gran Sueño del Dador de Sueños para el mundo entero.

Cuando Ordinario se levantó para partir, notó que por encima del río se elevaba un memorial construido de piedras. Cada piedra era plana y lisa y tenía la palabra *Recuerda* grabada en su superficie. Parado al lado del monumento a la bondad del Dador de Sueños, Ordinario se sintió sobrecogido y rodeado por muchos testigos.

Con cuidado, colocó su propia piedra en la cima del memorial. Y se marchó.

Esa noche a la luz de la luna...

Ordinario sacó su diario de su mochila y escribió sobre este tiempo en el Santuario.

- Nunca seré el mismo después del Santuario. Allí nadé en las quietas aguas y borré las últimas huellas de la Tierra Inútil.

- La luz del Dador de Sueños reveló las tinieblas dentro de mí. Fue insoportable. ¿Cómo podía desear que me acercara más? Aun así, quitó mis tinieblas.

- Cuando el Dador de Sueños me pidió que le diera mi Sueño, no sabía qué pensar. Sin embargo, yo deseaba más al Dador de Sueños que a mi Sueño, así que lo hice.

- El Dador de Sueños me devolvió mi Sueño. Ahora es parte de su Gran Sueño... y eso significa que mi Sueño es muchísimo más grande que antes. ¡Que siempre lo use para servirlo!

CAPÍTULO SEIS

ORDINARIO LLEGA AL VALLE DE LOS GIGANTES

*E*n la mañana, Ordinario entró a un extenso valle que parecía encaminarse a la Tierra de la Promesa. Sin embargo, pronto llegó a un cartel que decía:

> *¡Cuidado, Soñador!*
> *Valle de los Gigantes*

Ordinario se quedó mirando el cartel. Así que los Soñadores que regresaron tenían razón. Los Gigantes eran reales.

¿Qué debía hacer? No tenía armas. No tenía plan. Aun así, su Gran Sueño era más grande que nunca. Y él confiaba en el Dador de Sueños.

Por lo tanto, decidió ponerse en marcha.

∽

Ordinario no había andado mucho cuando escuchó pisadas gigantes. Corrió a ocultarse detrás de un arbusto. ¡Aun *no* estaba preparado para enfrentarse a un Gigante!

A pesar de eso, cuando Ordinario miró a su alrededor, no vio un obstáculo Gigante, sino un poderoso Ser.

—¡Salve, bravo Guerrero! —gritó el Ser.

—¿Quién, yo? —preguntó Ordinario con su vocecita.

—Sí. Tú, detrás de ese arbusto.

—Yo no soy Guerrero —musitó Ordinario, saliendo de detrás del arbusto. Nunca se había sentido tan tonto—. Yo soy un don Nadie de la Tierra Familiar.

—Cada don Nadie que llega tan lejos es un Guerrero —dijo el Ser—. Yo soy el Comandante. El Dador de Sueños me envió para ayudarte a derrotar tus Gigantes.

—¿Verdad? ¡Yo *necesito* ayuda! —dijo Ordinario con ansiedad—. Comparado a un Gigante, soy pequeño y débil.

—No le temas a ningún Gigante, Ordinario —dijo el Comandante—. Ellos son reales. Son enormes. Bloquean el paso a tu Sueño. No obstante, si crees en el Dador de Sueños y estás dispuesto a correr un Gran Riesgo, lograrás pasarlos.

—¡Pero no tengo armas ni armadura! —exclamó Ordinario.

Entonces el Comandante ayudó a Ordinario a ver cómo el Dador de Sueños lo había preparado para la batalla desde el día que abandonó Familiar.

—Todas las Verdades que aprendiste en tu viaje hasta ahora te servirán como armas y armadura —dijo.

—¿Y cómo voy a saber qué hacer? —preguntó Ordinario.

—El Dador de Sueños te lo dirá y te dará su poder si se lo pides.

Ordinario se tranquilizó. Aun así, todavía no se sentía como un Guerrero.

—Ten cuidado de la Incredulidad, Ordinario —dijo el Comandante—. ¡La Incredulidad es más peligrosa para tu Sueño que cualquier Gigante!

Y después el Comandante se marchó.

❧

Ordinario no había avanzado mucho en el Valle cuando se encontró con su primer Gigante. Era enorme, ¡de acuerdo! Y bloqueaba por completo el sendero a su Sueño.

Cuando descubrió a Ordinario, el Gigante bostezó en su dirección.

—¿Adónde piensas que vas, pequeño don Nadie?

Ordinario reconoció el imponente Gigante sobre él. Era Miseria.

—Necesito pasar —dijo Ordinario.

—Seguro que sí. Todo el mundo tiene que pasar —dijo el Gigante.

Ordinario trató de idear un plan, pero ninguno le venía a la mente.

—Así que… necesito que te apartes de mi camino —dijo.

—Yo no me muevo —dijo el Gigante—. Me imagino que tendrás que moverme tú mismo.

Por un momento, Ordinario dudó. Luego clamó:

—Dador de Sueños, ¡ayúdame! Por favor, ¡dame poder!

Y el Dador de Sueños lo hizo. Después le dijo a Ordinario qué hacer y qué decir.

Ordinario elevó sus ojos al Gigante llamado Miseria y gritó:

—¡Yo te reto en el nombre del Dador de Sueños!

Entonces atacó al Gigante con todas sus armas y armadura.

Al principio, el Gigante no se movía. Sin embargo, Ordinario guardó a su alcance las Verdades aprendidas. Se llenó de valor. Creyó que el Dador de Sueños proveería. Se basó en la Sabiduría. Luchó. Soportó.

Y con cada avance, sentía que agradaba al Dador de Sueños.

Al final, llegó el día cuando Miseria se retiró.

El clamor de victoria de Ordinario resonó por todo el Valle. «¡Grande y bueno es el Dador de Sueños!», gritó.

Después de esa victoria, Ordinario nunca volvió a dudar que era un Guerrero.

∾

A medida que Ordinario viajaba por el Valle, se encontraba con más Gigantes. Algunos, como Miseria, eran obstáculos que tenía que sortear. Otros, como Corrupción, se opusieron a su Sueño y lucharon con fiereza. Algunos, como Rechazo, lo atacaron de manera personal y lo dejaron herido en lo más profundo.

No obstante, Ordinario se encontró con otro Soñador también. Durante las etapas de descanso, se reunían a contar historias sobre el Dador de Sueños y se animaban el uno al otro.

De otros Soñadores, Ordinario aprendió a ver todo el cuadro: Cada Gigante era otra oportunidad a fin de que el Dador de Sueños recibiera honra.

Cada vez más alto, Ordinario se desplazaba hacia arriba en el Valle, combatiendo Gigantes en el camino a su Sueño. Un día, Ordinario se encontró una Guerrera Herida en una tranquila colina.

Ordinario se dejó caer a su lado.

—¿Cómo puedo ayudarte? —le preguntó.

—Mis heridas son muchísimas y grandes —dijo ella—. Este será mi lugar de muerte.

❧

El corazón de Ordinario se quebró.

—¿Pero por qué el Dador de Sueños permitiría que te derrotaran? —preguntó Ordinario—. Tú has llegado muy lejos. ¡Tienes que terminar tu Gran Sueño!

Ella no respondió.

La noche cayó. La Guerrera Herida se debilitó más. Al final, en la oscuridad, ella dijo:

—Dime el Nombre de tu Sueño.

Después que Ordinario lo hizo, la Guerrera se quedó quieta por un tiempo. Luego habló.

—Ese también es el Nombre de mi Sueño —dijo ella—. Luché con Gigantes antes que tú. Lucharás más después de mí. Sin embargo, tenemos el mismo Gran Sueño.

En las primeras luces del amanecer, ella habló por última vez.

—La muerte no es mi derrota —susurró—. Es mi victoria.

Esa mañana, Ordinario enterró a su amiga Guerrera en la cima de la colina. Luego se sentó por un largo tiempo, contemplando los montes y los valles. Pensaba en la vida de la Guerrera y en su muerte. Pensaba en sus palabras al morir.

Y llegó a tener la certeza que no hubiera logrado llegar tan lejos en su sendero a su Sueño si su amiga no hubiera ido antes que él.

Al final, Ordinario tomó su larga pluma blanca y escribió la Verdad en la lápida de ella:

Aquí yace una Poderosa Guerrera.
Ella terminó su Sueño.

❧

Poco después de dejar la colina, Ordinario comenzó a tener la sensación de que estaba a punto de atravesar todo el Valle de los Gigantes. Estaba logrando acercarse más al lugar en el que podía hacer lo que más deseaba. Y caminó más rápido ante la expectativa.

Entonces un día, en cuanto captó una vislumbre del alto país delante, tropezó con un pequeño campamento de andrajosos Cualesquiera. Ordinario nunca se había encontrado con ningún Cualquiera, pero había oído hablar de ellos. Eran un montón como los don Nadie.

Los Cualesquiera le dijeron que eran de la Ciudad de los Cualesquiera que se encontraba justo delante. Un Gigante de las Tinieblas oprimía a la ciudad desde su fortaleza en las puertas. Ningún Cualquiera podía salir ni entrar. Hacía tanto tiempo de eso que los Cualesquiera no lograban recordar desde cuándo estaban de esa manera.

Cuando Ordinario preguntó sobre el Dador de Sueños, los Cualesquiera solo menearon sus cabezas. Pocos creían en él. Otros Guerreros les mencionaron su nombre, dijeron ellos, pero pasaron de largo sin retar a su Gigante.

¿Debía pasar él también? Estaba ansioso por encontrar su Gran Sueño.

Entonces Ordinario escuchó la voz del Dador de Sueños. Le dijo: *Prepárate para la batalla.*

❧

El rumor se diseminó enseguida por el campamento. El Guerrero llamado Ordinario iba a retar al Gigante de las Tinieblas en el nombre del Dador de Sueños.

Los Cualesquiera se amontonaron alrededor de la fortaleza del Gigante para observar.

Ordinario se encaminó a la puerta y gritó: «Gigante de las Tinieblas, en el nombre del Dador de Sueños, ¡vengo a derrotarte! ¡Proclamo liberación para cada Cualquiera en el campamento y para cada Cualquiera en la ciudad!».

Cuando el Gigante salió de su fortaleza, los Cualesquiera se quedaron boquiabiertos. «¡Ninguno de esos Cualesquiera será libre!», rugió el Gigante. «¡Sus vidas no tienen valor!» Entonces lo atacó con las pesadas cadenas de las tinieblas que Ordinario jamás había visto.

Ordinario luchó con valor. Luchó con el poder del Dador de Sueños y usó cada arma y parte de la armadura que tenía. Todo el día, el sonido del combate retumbaba a través del Valle.

Sin embargo, por la tarde, cada Cualquiera veía que Ordinario estaba cada vez más débil mientras que el Gigante estaba más fuerte que nunca.

Ordinario se retiró al extremo del campo y clamó al Dador de Sueños:

—¿Estás conmigo?

—*Sí* —dijo el Dador de Sueños.

—Este Gigante es demasiado fuerte para mí —dijo jadeante Ordinario.

—*Sí, lo es.*

—¡Hará falta un milagro para la victoria! —dijo Ordinario.

—*Sí, hará falta.*

—Por lo tanto, ¿qué debo hacer?

—*Prepárate para un milagro* —dijo el Dador de Sueños—. *Deja tus armas. Toma solo tu pluma. Y me traerás Gran Honor.*

◇

¿Dejar sus armas?

Incredulidad pasó con rapidez a través del corazón de Ordinario. ¡Lo que le pidió el Dador de Sueños era imposible!

Entonces Ordinario recordó. Recordó la rendición de su Sueño y que se lo devolvieron incluso más grande y mejor que antes. Recordó la bondad del Dador de Sueños en la Tierra Inútil, aun cuando no lo veía por ninguna parte. Recordó la victoria de la Moribunda Guerrera. Y recordó su Gran Sueño...

Y fue entonces que Ordinario apartó la Incredulidad y decidió correr un Gran Riesgo por el Dador de Sueños.

Soltó sus armas.

Todos los Cualesquiera gimieron desilusionados.

Entonces Ordinario recogió su mochila, sacó su pluma y caminó hacia el gigante.

Los Cualesquiera gritaron incrédulos.

Sin embargo, el Gigante solo se rió.

—¿Me vas a derrotar con una pluma? —rugió.

Ordinario no estuvo seguro de qué hacer ni decir hasta que el Gigante de las Tinieblas se alzó imponente por encima de él. Entonces el Dador de Sueños le dijo lo que tenía que hacer.

Levantó su larga pluma blanca en alto por encima de su cabeza y, cuando lo hizo, se puso pesada en su mano, tan pesada como una espada.

—Si el Dador de Sueños está de mi parte —gritó Ordinario—, ¿qué Gigante puede estar en contra de mí?

Después hizo girar su pluma en un poderoso arco, hasta el malvado corazón del Gigante. Y cuando hizo el giro, pasó algo asombroso.

Las cadenas se esparcieron en pedazos. Las tinieblas huyeron. Y el Gigante se vino abajo como un bulto, derrotado, a los pies de Ordinario.

Los Cualesquiera conocieron un milagro cuando vieron uno.

Pronto una ruidosa y feliz procesión guió a Ordinario a pasar al derrotado Gigante, alrededor de su fortaleza de oscuridad y hasta las puertas de su ciudad. Con cada paso, los alegres Cualesquiera cantaban alabanzas. Aun así, las alabanzas no eran para Ordinario.

«¡El Dador de Sueños es bueno!», cantaban. «¡El Dador de Sueños es fuerte! ¡La victoria pertenece al Dador de Sueños!»

Según lo que podía recordar cada Cualquiera, era la primera vez que tenían libertad.

Sentado junto a la tumba de la Guerrera...

Ordinario tomó su pluma y escribió la Verdad acerca del Valle de los Gigantes.

- Conocí a una amiga a quien le conté mi Sueño y me ayudó a que fuera realidad.

- Antes de encontrarme a mi primer Gigante, conocí al Comandante. ¡Él me dijo que yo era un Guerrero! Me mostró que mis armas son cada Verdad aprendida en mi viaje.

- Incredulidad es peligrosa. Hasta ahora, he decidido Creer. Aun así, corro riesgos a cada momento.

- Aun cuando me han preparado para enfrentar a mis Gigantes, todavía necesito el poder del Dador de Sueños. Cada vez que derroto un Gigante, el Dador de Sueños recibe honra. ¡Cuídense Gigantes!

CAPÍTULO SIETE

ORDINARIO PROSPERA EN LA TIERRA DE LA PROMESA

*C*uando Ordinario pasó a través de las puertas de la ciudad de los Cualesquiera, vio esperanza y gozo en cada rostro. «¡Gracias, Guerrero!», gritaban los Cualesquiera. «¡Gracias por ayudarnos!»

Y la celebración no había avanzado mucho en la ciudad cuando Ordinario comenzó a ver señales de deseo y necesidad. Estaba horrorizado al ver que algunos Cualesquiera vivían en condiciones deplorables. Algunos vivían en casas construidas de palos y lodo.

Sin embargo, todo el día y toda la noche, la celebración llenó las calles de la ciudad.

Al día siguiente, los agradecidos Cualesquiera le suplicaron a Ordinario que se quedara un tiempo con ellos.

«Está bien», les dijo, «pero solo por poco tiempo». Todavía tenía un Gran Sueño que buscar. Se podía imaginar con más claridad que nunca la ciudad donde conseguiría su Sueño. Era una bella ciudad con muros de mármol blanco y que resplandecía con promesa en su corazón.

Y la sentía muy, pero muy cerca.

❧

En los días que siguieron, Ordinario recorrió cada calle, callejuela y sendero de la deprimente Ciudad de los Cualesquiera. Conversó con

Cualesquiera jóvenes y ancianos. Y lo que vio y escuchó lo llenó de tristeza.

Sí, desapareció el Gigante de las Tinieblas. Sin embargo, los años de tiranía dejaron dañada y quebrantada a la ciudad. Las necesidades de los Cualesquiera eran grandes y sus esperanzas eran pocas.

El corazón de Ordinario comenzó a dolerle de una manera que nunca antes experimentó.

✧

Un día, Ordinario se puso a vagar cerca de las puertas de la ciudad. A medida que caminaba, hablaba con los amistosos hijos de Cualquiera que lo seguían.

Entonces escuchó al Dador de Sueños decir:

—*¿Qué ves?*

Ordinario se detuvo. Miró a los rostros de los niños.

—Veo bellos Cualesquiera en gran necesidad —dijo.

—*Sí* —dijo el Dador de Sueños—. *¿Qué más ves?*

Entonces Ordinario levantó los ojos. A duras penas daba crédito a lo que veían sus ojos. ¡Grabado en la puerta estaba el Nombre de su Sueño!

—*Tu Gran Sueño yace aquí* —dijo el Dador de Sueños.

¿Puede ser cierto?

Al instante, supo que era verdad. ¡Había llegado!

Entonces Ordinario comprendió el porqué no había reconocido su Gran Sueño cuando estaba justo delante de él. La hermosa ciudad que siempre imaginó no era su Sueño, sino un cuadro de lo que lograría su Sueño.

Las Grandes Necesidades de los Cualesquiera combinaban a la perfección con el Gran Sueño en su corazón. Y era el momento de *realizar* su Sueño.

Ordinario estaba tan entusiasmado que soltó un grito de gozo, para gran deleite de los hijos de Cualquiera.

✑

A la mañana siguiente, Ordinario se despertó temprano, preparado para comenzar. Por supuesto, no tenía idea de dónde comenzar. Había tantas necesidades que estaba abrumado. Solo era un Soñador. Aun así, decidió comenzar por el principio. Vio la necesidad más cerca de él y trató de hacerle frente. Gastó lo que tenía. Hizo lo que pudo. Usó lo que sabía. Cada día, le pedía al Dador de Sueños que lo ayudara y guiara.

Y las cosas comenzaron a cambiar para los Cualesquiera.

El tiempo pasaba y Ordinario trabajaba mucho. Podía ser difícil realizar su Sueño, pero Ordinario nunca se sintió más satisfecho. Construía algo nuevo de algo quebrantado. Enfrentaba las Grandes Necesidades mientras hacía lo que más le gustaba.

Un día, dos Soñadores más llegaron a la ciudad. Durante muchos días, recorrieron las calles y hablaron con los Cualesquiera, jóvenes y ancianos. Luego le dijeron a Ordinario que la Ciudad de los Cualesquiera era también la ciudad de sus Sueños.

De inmediato, Ordinario vio que era cierto. Los dos Soñadores tenían los recursos que le faltaban a Ordinario. Tenían habilidades que él nunca aprendió. ¡Eran capaces de enfrentar grandes necesidades que Ordinario no podía!

Ese fue un día muy grande para Ordinario y para los Cualesquiera también.

✑

Más tiempo pasó. La devoción de Ordinario hacia el Dador de Sueños crecía. Siempre hacía lo que el Dador de Sueños le decía que hiciera. Era cuidadoso para recordar lo que había hecho el Dador de Sueños. Y trabajaba mucho a fin de proteger su Sueño del compromiso.

Entonces un día, Ordinario hizo un sorprendente descubrimiento.

Un Cualquiera le dijo a Ordinario que no disfrutaba mucho de su trabajo. Y Ordinario notó que no era muy bueno en eso tampoco.

—¿Qué es lo que más te gusta? —le preguntó Ordinario.

Cuando le respondió, Ordinario vio el problema. Aquí no había mucha oportunidad para que este Cualquiera hiciera lo que amaba. Ordinario pensó por un momento.

—¿Tienen Grandes Sueños los Cualesquiera? —preguntó.

—Lo deseo —dijo el Cualquiera con tristeza—. Deseo tener un Gran Sueño.

—Sin embargo, ¡tal parece que lo tienes! —exclamó Ordinario. Pensó un poco más. Luego le preguntó—: ¿Siempre has vivido aquí?

—Sí —le dijo.

—Por lo tanto, esto es familiar para ti, ¿verdad?

—Sí —respondió—. Es *muy* familiar. Estoy cómodo aquí. Considero las rutinas seguras. Aun así, a veces me parece como que me falta algo grande, o que yo…

—¡No digas más! —gritó Ordinario.

∾

Esa noche, Ordinario le enseñó al pueblo de los Cualesquiera su desconocida melodía. Solo ahora, que era Alguien que vivía su Sueño, sabía también la letra.

Era una canción acerca del lugar especial que cada Cualquiera tenía en el corazón del Dador de Sueños.

Era una canción acerca de cómo cada Cualquiera se creó para ser Alguien Especial y lograr Grandes Cosas.

Después de eso, en muchos Cualesquiera comenzó a despertar su Gran Sueño. Algunos descubrieron que la ciudad de su Sueño era la Ciudad de los Cualesquiera. Otros iniciaron los viajes a las suyas.

Y no mucho después de eso, la Ciudad comenzó a parecerse muchísimo al cuadro del Gran Sueño que Ordinario llevaba en su corazón por tanto tiempo. Cada vez más, los muros de la Ciudad brillaban en el sol como mármol blanco y sus calles resplandecían con promesas.

༄

Entonces un día, Ordinario escuchó al Dador de Sueños decir:

—*Ve más allá...*

Ordinario se puso en camino, con la mochila sobre sus hombros, a lo largo del otro extremo del muro en la parte de atrás de la ciudad. Se fijó en una pequeña puerta que nunca antes había notado.

Una vez más escuchó al Dador de Sueños.

—*Ve más allá...*

Abrió la puerta y salió. No obstante, cuando lo hizo, se sintió extrañamente... molesto. Miró hacia el distante Desconocido.

—*¡Bien hecho, Ordinario!* —le dijo el Dador de Sueños—. *Tú eres un buen y fiel Soñador. Ahora déjame mostrarte más.*

—¿Más? —preguntó Ordinario.

—*Más* —dijo el Dador de Sueños—. *Hay muchísimo más de mi Gran Sueño que espera por ti.*

Ahora Ordinario miró de nuevo hacia el horizonte. Y vio muchísimos Valles y Aguas Profundas. Y vio el resplandor de muchas más Tierras de la Promesa esperando por un Soñador que clamara por el Dador de Sueños.

—*Pronto dejarás de nuevo lo que es familiar* —dijo el Dador de Sueños—. *Y yo estaré contigo.*

De repente, Ordinario comprendió. Su Gran Sueño en la Ciudad de los Cualesquiera estaba casi cumplido. Ahora estaba preparado para que el Sueño se convirtiera en un nuevo y mayor Sueño.

En breve, sería el tiempo de ir tras él.

Ordinario miró de nuevo hacia lo que le deparaba su futuro. El horizonte estaba *lleno* de promesa.

—¡Gracias, Dador de Sueños! —susurró Ordinario—. Gracias por el regalo de mi Gran Sueño.

Y comenzó a tararear una melodía desconocida.

Querido Padre:

Te escribo después de un larguísimo viaje... ¡pero lo hice! Estoy viviendo en la Tierra de la Promesa y observo que mi Gran Sueño se hace realidad alrededor de mí. ¡Y pensar que todo comenzó con palos y lodo cuando era un muchacho!

Padre, descubrí que cada don Nadie tiene un Sueño, ¡y que nunca es demasiado tarde para ir en su busca! Sé que piensas que tu Sueño murió, pero un Gran Sueño nunca muere. Tu Sueño está aquí en algún lugar esperando por ti. Y si no lo buscas, dejará de ocurrir algo muy importante.

Por supuesto, ¡Madre tenía un Gran Sueño también! ¡Estoy ansioso por verlos a los dos!

Padre, como ves, te envío mi pluma. Te ayudará en tu viaje. Te guiará directo hacia un milagro que tiene tu nombre en él.

¡Te extraño!

Con amor, tu hijo,

Ordinario

SEGUNDA PARTE

EL VIAJE A TU
GRAN SUEÑO

Conoce a tu
Entrenador del Sueño

*E*spero que hayas disfrutado la historia de Ordinario y su viaje a fin
de alcanzar su Gran Sueño. La mayoría de nosotros es capaz de
relacionarse con el personaje de Ordinario debido a que a veces nosotros mismos nos sentimos muy ordinarios. En un mundo tan vasto e
impersonal como el nuestro, es fácil sentirse como un don Nadie, ¿no
es así?

Sin embargo, la verdad que descubrió Ordinario del Dador de Sueños es que cada don Nadie se hizo para ser Alguien. Y la clave para descubrir todo lo que estás llamado a hacer y ser está en darse cuenta del
Gran Sueño que Dios te ha dado y emprender el viaje para lograrlo.

En los siguientes capítulos, eso es lo que deseo ayudarte a hacer.
Imagínate que soy tu guía de viajes o un Entrenador del Sueño. Mi
consejo viene de años de experiencia como un Soñador e incorpora
las lecciones que otros me enseñaron a lo largo del camino. Más
importante aun, los conocimientos profundos y principios que te
daré están basados en las eternas verdades de la Biblia.

No es de sorprender que la narración de la Biblia que muestra
con más claridad esos principios en acción sea la historia épica del
peregrinaje de Israel desde Egipto hasta la Tierra Prometida.

Usaremos esa historia, sobre todo como la vivieron Moisés y Josué, a fin de revelar los secretos de Soñadores de éxito.

La historia del Éxodo revela un patrón que se repite a través de toda la Biblia cada vez que el pueblo de Dios quiere llegar a su Sueño e intenta grandes cosas para Él. En casi cada caso, ellos:

1. Llegan a darse cuenta de un Sueño o llamado personal, entonces deciden buscarlo.
2. Enfrentan temor cuando dejan un lugar de comodidad.
3. Encuentran la oposición de quienes los rodean.
4. Soportan una etapa de dificultad que prueba su fe.
5. Aprenden la importancia de rendirse y consagrarse a Dios.
6. Luchan contra los Gigantes que se interponen entre ellos y el cumplimiento de su Sueño.
7. Logran su total potencial a medida que alcanzan su Sueño y traen honra a Dios.

Las buenas nuevas para todos los Soñadores es que el propósito de cada etapa u obstáculo a lo largo de nuestro viaje no es el de *bloquear* nuestro sueño, sino de *abrirnos paso* para el cumplimiento de las promesas de Dios.

Como Ordinario, puedo contar tanto con muchas cicatrices como éxitos en el viaje a mi Sueño. El camino del Soñador es difícil, ¡pero algo menos no es vida en absoluto! Es más, he descubierto que esta es la *única* manera en que tú y yo logramos encontrar verdadera satisfacción y llegar a ser todo lo que Dios quiere que seamos y para lo que nos creó.

¿No es el momento de comenzar? Ya has esperado demasiado tiempo.

Tu sueño está golpeando en tu pecho.

¿No lo sientes?

Cuéntales a tus amigos las noticias.

Haz las maletas.

Es tiempo de seguir al Dador de Sueños en el viaje a *tu* Sueño.

CAPÍTULO OCHO

NACISTE PARA ESTO

Una mañana Ordinario se despertó con estas palabras retumbando en su mente: Te estás perdiendo, lo que tú ya tienes…

¿Sería cierto? Ordinario miró una y otra vez. Y luego descubrió que en un rinconcito de su corazón yacía un Gran Sueño. El Gran Sueño le dijo que él, un don Nadie, estaba hecho para ser Alguien y estaba destinado para lograr Grandes Cosas.

El productor de Hollywood no creía que fuera cierto y no lograba hacer que cambiara de opinión, aun cuando estaba a punto de comprarle el almuerzo en mi restaurante favorito del barrio. No daba crédito a que cada persona se creó con un Gran Sueño y que la mayoría de las personas, por una razón u otra, no lo seguían.

Dijo que solo unas pocas personas son «soñadoras de nacimiento».

—Solo porque tú resultes ser uno de ellos —dijo—, no tienes en realidad que pensar que todo el mundo en este restaurante sea uno, ¿no crees?

Cuando nos sentamos a la mesa, estaba perdiendo el debate y no sabía qué hacer. Nuestra conversación tenía un significado especial para mí pues, aunque mi amigo productor no lo sabía, estaba tratando de ayudarlo a buscar *su* Gran Sueño.

Estaba a punto de rendirme cuando me vino una idea a la mente. ¿Por qué no tratar de probárselo justo delante de él?

Cuando nuestra camarera Sonja vino a tomar la orden, el corazón me latía con fuerzas. Sin embargo, corrí un riesgo. Le pregunté:

—¿Haces lo que siempre deseaste que podrías estar haciendo?

Ella me miró interrogante.

—¿Qué quiere decir? —preguntó.

—Pues bien, quizá tú *estés* haciendo tu sueño y eso sería fantástico. Aun así, me pregunto, ¿tienes algún Gran Sueño en tu corazón que aun no se ha hecho realidad?

Sonja pensó por un momento. Luego dijo:

—Mi madre es enfermera. Mi hermana es enfermera. Y yo siempre soñé con llegar a ser una enfermera.

—¿Habrías sido una buena enfermera? —pregunté.

Sonja se conmovió.

—Habría sido una buena enfermera —dijo ella con suavidad.

—¿Te gustaría ser una enfermera en este mismo momento? —pregunté.

—Sí —respondió.

Así que corrí otro riesgo.

—¿Crees que sea probable que Dios quiera que seas una enfermera? —pregunté.

Sonja apartó la mirada por un minuto, luego dijo:

—Creo que sí.

—Si Dios quiere que seas una enfermera, debe haber un medio para que seas una —dije—. ¿Qué te ha detenido?

Sonja enumeró las razones: una educación trunca por el matrimonio, luego dos hijos, después las exigencias de criar una familia.

—Ahora es imposible —dijo ella—. Es demasiado tarde.

Noté la tristeza en su voz.

—¿Qué tendría que pasar para que te convirtieras en enfermera? —pregunté.

—No tenemos suficiente dinero —dijo ella—. No me puedo permitir el lujo de pagar una niñera, así que no puedo ir a la escuela.

—¿De modo que si tuvieras una niñera irías a la escuela? —pregunté.

—Sí —dijo ella sin dudar.

Le di una mirada a mi amigo productor para asegurarme de que lo estaba asimilando todo. Luego me arriesgué de nuevo:

—Sonja, creo que hay alguien en tu vida que se preocupa por ti y que te cuidaría los niños sin cobrarte nada. ¿Quién es esa persona?

Sonja pensó por un momento, luego se le iluminó el rostro.

—¡Es mi madre! —exclamó—. ¡Hace dos meses que se jubiló! Ama a sus nietos. Y siempre deseaba que realizara mi sueño. ¡Cuidaría a mis hijos si solo se lo pidiera!

Mientras hablaba, sus ojos se le llenaron de lágrimas. Los míos también. Cada vez que veo aflorar el sueño de otra persona, me conmuevo en lo más profundo porque sé cuán triste es no ser capaz de vivir el sueño de uno.

Sin siquiera tomar nuestra orden, Sonja pasó junto a una amiga en otra mesa para anunciarle que regresaba a la escuela.

—¡Voy a ser enfermera! —dijo con lágrimas de gozo.

Mi amigo, sentado frente a mí, meneaba la cabeza.

—Si no lo hubiera visto con mis propios ojos —dijo—, no lo hubiera creído. Quizá tengas razón. A lo mejor todo el mundo *tiene* un Gran Sueño.

¡TÚ TAMBIÉN TIENES UN GRAN SUEÑO!

¿Con quién te identificas en esta historia? ¿El productor? Él pensaba que las personas con Grandes Sueños eran escasas y lejos unas de otras. ¿La camarera? Siempre supo que tenía un Sueño, pero nunca creyó que fuera posible.

Cada persona que conozco que no va de manera activa tras un Gran Sueño puede identificarse con uno u otro. Sin embargo, la verdad es que, incluso los que piensan que los Sueños solo los tiene otra persona, llevan un Sueño oculto en lo profundo de su corazón. Y cuando alguien pone el dedo en ese Sueño oculto, la persona casi siempre llega a conmoverse.

Tú tienes un Gran Sueño también. Dios ha puesto una pasión impulsora en ti para hacer algo especial. ¿Por qué no lo haría Él? Fuiste creado a su imagen, la única persona exactamente como tú en el universo. Ninguna otra persona puede realizar tu Sueño.

En cierta ocasión, cuando estaba enseñando este asunto a algunos aldeanos muy pobres, uno de los hombres de repente aplaudió y exclamó: «¡Esas son unas noticias maravillosas! ¡Eso significa que puedo dejar de desear ser otra persona!».

El viaje hacia tu Gran Sueño te cambia. Es más, el viaje en sí es lo que te prepara para tener éxito en hacer para lo que fuiste creado.

Y hasta que no decidas buscar tu Sueño, nunca vas a amar tu vida de la manera que se supone que lo hagas.

Aun así, millones de personas nunca dan el primer paso.

Otro día en Familiar

¿Qué te pasa por la mente mientras lees sobre la vida de familia de Ordinario, amigos y rutinas? ¿Te parece… familiar?

Es fácil quedarse atrapado en las demandas de la vida. ¡Y a veces todos nos refugiamos en rutinas, butacas y *cualquier cosa* «de costumbre»!

No obstante, si solo estamos marcando el tiempo, en lugar de construir una vida, ponemos nuestro Gran Sueño en espera. Los años pasan. Las pérdidas personales se acumulan. Perdemos nuestro sentido de significado y propósito. Gastamos nuestra energía de manera improductiva. Y el gran cuadro del porqué Dios nos puso en la tierra en el primer lugar comienza a desaparecer de la vista.

Es trágico, pero una persona puede pasar *toda la vida* sin que logre jamás las Grandes Cosas para las que nació y deseó hacer.

¿Qué les impide a las personas aceptar los Sueños que Dios les ha dado e ir tras ellos? He notado cinco comunes pero mortíferos conceptos erróneos:

- «No tengo un Sueño».
- «Tengo que inventar mi Sueño».

- «Tengo un Sueño, pero no es tan importante».
- «Tengo un sueño, pero es asunto de Dios hacerlo realidad».
- «Tengo un Sueño, pero es demasiado tarde».

Toma un minuto para analizar tus propias creencias. Lee con cuidado cada declaración. ¿Alguna de estas describe tus creencias acerca de un Gran Sueño para tu vida? (Si no estás seguro, analiza tus acciones. Lo que *haces* es casi siempre un resultado de lo que *crees* en realidad).

Sin embargo, cada uno de esos conceptos erróneos es una trampa. Si estás atrapado en uno de ellos, nunca dejarás Familiar hasta que rechaces tu equivocada manera de pensar y aceptes la verdad.

Por lo tanto, analicemos las verdades que pueden liberar a un Soñador.

Tú tienes un Sueño. Es parte de lo que significa ser una persona creada a la imagen de Dios.

No tienes que inventar tu Sueño. Al igual que el color de tus ojos o tu sonrisa única, tu Gran Sueño fue plantado en ti antes que nacieras. El salmista David escribió que todos los días de su vida «se estaban diseñando, aunque no existía uno solo de ellos»[1].

Tu Sueño es único e importante. Dios te hizo con mano maestra a fin de que lleves a cabo una parte de su Gran Sueño para el mundo. ¿Cómo? El propósito de tu Gran Sueño es cumplir con la Gran Necesidad por la que Dios se preocupa profundamente. Tú estás aquí para llevar una parte de su Sueño desde el Punto A hasta el Punto B. Ninguna otra persona puede hacer esto de la misma manera que tú.

Tu Sueño es para que lo pongas en práctica. Dios espera por ti para que valores lo suficiente su regalo de tu Sueño con el propósito de que lo vivas. Él no te obligará a elegir. Ni «hará que sea realidad» *por* ti. Tú debes escoger. Debes actuar. La increíblemente fructífera vida de Pablo se modeló por un solo e imperioso compromiso: «alcanzar aquello» para lo cual Dios lo alcanzó a él[2].

Tu Gran Sueño es lo que Dios tiene preparado para que tú hagas.

Y por fortuna, *¡nunca es demasiado tarde para actuar según tu Sueño!* Solo pregúntaselo a Moisés.

«VOY A ENVIARTE»

El viaje épico de Israel a la Tierra Prometida es la historia de una nación en busca de su Gran Sueño. ¿Su meta? Reclamar la «¡tierra donde abundan la leche y la miel!» que ya Dios les había dado a ellos[3].

Y también es la historia de un hombre, un líder con un Gran Sueño: ayudar a Israel a huir de la esclavitud y encontrar ese futuro. Su nombre era Moisés.

Es probable que escucharas o leyeras acerca del día cuando Dios le recordó su Sueño. Moisés, en ese momento de ochenta años de edad, escuchó su Sueño a través de la zarza ardiendo. Dios dijo: «Ciertamente he visto la opresión que sufre mi pueblo [...]. Voy a enviarte al faraón para que saques de Egipto a los israelitas, que son mi pueblo»[4].

Ya te puedes imaginar el susto de Moisés. Es más, respondió con una excusa tras otra.

¿Notaste que dije que Dios le *recordó* a Moisés su Sueño de ser libertador? Esto es porque desde su nacimiento, a Moisés se le preparó y motivó de manera única con este mismo propósito. Él lo sabía; ¡incluso suponía que lo sabían otros israelitas![5] No obstante, como un joven, lo buscó de una manera equivocada[6].

Pasaron cuarenta años. Estoy seguro de que Moisés pensó que su Gran Sueño se había hecho polvo.

Entonces Dios interrumpió la vida de Moisés con un asombroso mensaje desde la zarza ardiendo. Es como si Dios dijera: *Tu Sueño no está muerto porque la Gran Necesidad todavía está allí.*

¿Y cómo era que un envejecido pastor de ovejas iba a rescatar toda una nación del rey más poderoso en la tierra? Como todos los Grandes Sueños, la tarea de Moisés parecía demasiado grande.

Aquí están tres ideas en cada Gran Sueño dado por Dios que podemos recoger de la historia de Moisés:

1. Un Gran Sueño siempre parece abrumador al principio.
2. Al final, un Gran Sueño está dirigido a enfrentar una Gran Necesidad en el mundo.
3. Mientras te quede aliento, ¡nunca será demasiado tarde para poner en práctica tu Sueño!

Estoy contentísimo de que Dios vuelva una y otra vez a presentarnos con el regalo de nuestra vida. Nuestro Sueño le importa en gran medida a Él. No hay otro tú ni yo, del mismo modo que no había otro Moisés.

Tu Sueño quizá no se parezca mucho al que tuviste hace unos años. No obstante, la esencia del Sueño, el anhelo que sientes de hacer lo que Dios puso en ti para que lo realices, está todavía allí. No importa lo que sucedió en tu pasado, ni en qué circunstancias estás, puedes volver tu corazón hacia tu Sueño y comenzar ahora.

Conversación con el Entrenador del Sueño

Desearía poder visitarte personalmente, pero este libro es nuestra única conexión ahora mismo. Por lo tanto, te invito a que me permitas, por escrito, ser tu Entrenador del Sueño. Una de las cosas que más me gusta hacer, sí, es parte de mi Sueño, es ayudar a otros Soñadores como tú a continuar en su viaje.

A menudo surgen ciertas preguntas, así que incluyo algunas aquí que me han hecho en recientes conferencias. Pienso que encontrarás útiles esas conversaciones.

❧

«Moisés fue afortunado de que le anunciaran su Sueño desde una zarza ardiendo. Sin embargo, ¡yo no he tenido ninguna experiencia

así! Estoy en la mitad de mi vida y sigo sin encontrar mi Gran Sueño. ¿Puedes ayudarme?»

Lee, Brooklyn, Nueva York

Sé de personas que pueden señalar una conversación o una experiencia espiritual que marcó su futuro. A pesar de eso, la mayoría de nosotros no lo vemos todo de inmediato. Comenzamos con una sospecha, un grupo de intereses, un anhelo que se niega a desaparecer. Si comenzamos allí y nos disponemos, le damos la oportunidad a Dios de mostrarnos más.

Una cosa sé: Dios no te oculta a propósito tu Sueño. Ya está en ti. Ya es *quien tú eres*. Tu oportunidad es descubrirlo.

Estas investigaciones han ayudado a otros:

Vuelve a pensar en lo que deseabas hacer mientras crecías. Por supuesto, quizá fuera toda una lista de cosas. No te quedes en una simple descripción del trabajo: bombero, estrella de cine o presidente. Piensa en lo que esos papeles significaban para ti entonces y lo que pueden revelar acerca de tus verdaderos intereses y motivaciones ahora.

Entrevista a tres personas que respetes, quienes creas que están viviendo su Sueño. Pídeles que te expliquen lo que piensan sobre el porqué te pusieron aquí en esta tierra.

Si alguien viniera y te diera todo el dinero que siempre deseaste, ¿qué harías con él? Es probable que sea tu Sueño. Tu primera respuesta podría ser: «Vivir en una playa tropical y sorber agradables bebidas». A lo mejor la playa solo representa el fin de tu estrés e insatisfacción. Esto no te dice mucho acerca del propósito y la satisfacción que anhelarías una vez que desaparezca el estrés.

Observa tu vida y escribe tus conclusiones. Las buenas preguntas que debes hacerte incluyen:

- ¿En qué siempre he sido bueno?
- ¿Qué necesidades atiendo más?
- ¿A quién admiro más?

- ¿Qué me hace sentir más satisfecho?
- ¿Qué es lo que más me gusta hacer?
- ¿Qué creo que me llamaron a hacer?

Pregúntate qué legado te gustaría dejarles a tus hijos y nietos. ¿Por qué deseas que te recuerden más?

~∾~

«Siembre he deseado ser propietario y dirigir un negocio que tuviera el suficiente éxito que me permitiera marcar una diferencia positiva en mi país a través de obras benéficas. Sin embargo, la vida se interpuso. Ahora tengo una familia, un empleo y un montón de responsabilidades y gastos. Las insuperables circunstancias no me han permitido ir tras mi Sueño. ¿Qué puedo hacer»
    Kobus, Johannesburgo, Sudáfrica

Muchas personas se sienten como tú. Las circunstancias actuales hacen que tu Sueño parezca imposible. Aun así, casi siempre, la verdad es otra cosa. He descubierto que la mayoría de las personas que en verdad desean ir tras su sueño pueden desarrollar un plan que hace posible el comienzo. Por supuesto, hay un precio añadido: al menos un sacrificio y, con frecuencia, varios.

La mayoría de la gente que se siente estancada necesita reconsiderar sus prioridades. Por lo general, se han trazado un determinado patrón de vida, una forma de vida, o alguna otra suposición sobre la prioridad de buscar un Sueño.

Hazte preguntas como estas: *¿Qué estoy dispuesto a sacrificar por mi Sueño? ¿Cómo movilizo a mi familia a fin de que me ayude a seguir mi Sueño? ¿Hasta qué punto uso mis obstáculos como excusas? ¿Hay algo que puedo hacer ahora mismo que me lance a mi Sueño?*

En el momento que decides que harás lo que haga falta, ya estás tras tu Sueño.

❧

«Procedo de una familia que no parece creer en Grandes Sueños. Es más, siempre crecimos sin esperar mucho de la vida y siempre fuimos a lo seguro. ¿Es ese el porqué siento tanto temor de aceptar y seguir mi Sueño?»

Cyndi, Charleston, Carolina del Sur

Muchísimas personas proceden de familias, e incluso culturas completas, que no creen en Grandes Sueños. Si esto es lo que tú experimentaste, puede ser muy doloroso. ¡Sientes como que andas por una habitación donde el techo está quince centímetros más bajo!

A lo mejor tu familia dejó en claro (sin siquiera decirlo) que no estaba previsto que lograras mucho. O tal vez tu familia solo aprobaba ciertos tipos de Sueños.

Te animo a que emplees algún tiempo escribiendo una reseña de los Sueños de tu familia. ¿Qué fue, en dos o tres oraciones, el gran mensaje acerca de los Grandes Sueños que recibiste mientras crecías? (Siempre hay un mensaje, ya sea explícito o sutil). ¿Quién en tu familia extendida dirías que vive su Sueño? Por último, ¿qué consecuencias ves en tu familia debido a que no respetaron los Sueños?

Una vez que comprendas cómo tu familia está afectando tus creencias y decisiones, puedes dar pasos para cambiar.

DIOS AMA A LOS DON NADIE

Me pregunto si todavía te sientes como un permanente y certificado don Nadie: carente de importancia y pasando inadvertido en tu vida. Si es así, ¡quiero que sepas que Dios *ama* de manera especial a los don Nadie!

Una de mis favoritas don Nadie fue Agnes Bojaxhiu de Albania. Nunca fue a la universidad, nunca se casó, ni fue dueña de un auto. Sin embargo, tuvo un Sueño inmenso: vivir su fe mediante el cuidado de los moribundos y los más pobres de los pobres.

La mayoría de nosotros conoce a Agnes como la madre Teresa, ganadora del Premio Nobel y una de las personas más admiradas de nuestro tiempo. Pasó la mayor parte de su vida cuidando a los pobres y moribundos en Calcuta. Y a través de sus Misioneras de la Caridad, su Sueño todavía toca a millones de personas alrededor del mundo.

Pienses lo que pienses que sea cierto o no acerca de ti hoy, te crearon para ser Alguien Especial, alguien con un Gran Sueño que golpea con alegría en tu corazón. Y el mundo espera por ti a fin de que comiences tu viaje.

Una vez que decidas seguir tu Sueño, te asombrarás de cuánto cambiará tu vida.

¿Recuerdas a Sonja, la camarera que deseaba ser enfermera? Imagina conmigo un día típico en su vida unos años después. Se levantará en las mañanas como siempre, pero en lugar de ponerse su delantal y temerle a otro día, se pondrá su uniforme de enfermera. Trabajará mucho todo el día haciendo algo que ama. Puede que hasta salve una vida ese día. Después de su turno, se irá a casa físicamente exhausta, pero feliz de corazón. Sabrá que vive en lo que llamo «dulce lugar», haciendo lo que más le gusta y solucionando necesidades al mismo tiempo.

No esperes otro día. Cuéntale hoy a alguien de confianza: «Tengo un Gran Sueño». Luego, de la mejor manera posible, dile qué es. La primera vez que digas tu Sueño en voz alta, escucharás a tu corazón decir: *¡Naciste para esto!*

CAPÍTULO NUEVE

LA VIDA MÁS ALLÁ DEL LINDERO

Todavía temblando, recogió su maleta, le dio las espaldas a Familiar y se encaminó al cartel. Y aun cuando su temor iba en aumento, Ordinario cerró los ojos y dio un gran paso hacia delante, justo a través de la invisible Muralla del Temor.

Y aquí hizo un sorprendente descubrimiento.

Al otro lado de ese solo paso, el mismo que Ordinario pensaba que no podría dar, encontró que había atravesado su Zona de Comodidad.

¿Alguna vez has estado temiendo hacer la mismísima cosa que más deseabas hacer? Yo tuve ese problema y una vez tras otra me alejaba de mi Gran Sueño.

Verás, cuando terminé la universidad, sabía que deseaba convertirme en un creativo maestro de la Biblia que ayudara a muchas personas. ¡Ese Sueño me *inspiró*! Sin embargo, a fin de lograr mi Sueño, tenía que pararme y hablar delante de muchísimas personas. ¡Eso me *aterrorizaba*!

Me enfermaba físicamente por una semana antes de un compromiso de hablar. Luego, cuando al final me ponía detrás del atril, me aferraba con fuerza a él, petrificado de espanto, con temor a mover mis brazos... ¡con temor a moverme! Allí me quedaba hasta que sudando me abría paso a la última palabra de mi mensaje.

Algo tenía que cambiar.

Sabía que si alguna vez debía mantener un auditorio, tendría que sentirme lo suficiente seguro para moverme en la plataforma, hacer gestos dramáticos, conectarme de forma natural con mis oyentes.

Como es probable que te imagines, mis temores daban lugar a preguntas sobre mi Sueño. ¿Estaba cometiendo un gran error? Y si seguía el adecuado Sueño para mí, ¿por qué me sentía tan incómodo realizándolo?

Puedes hacer coincidir mi historia con la de Ordinario. Adopté mi Sueño. Dejé a Familiar, entusiasmado por ir en su busca. Pero pronto tropecé con un inmenso obstáculo. Allí mismo, junto al cartel que decía «Salida de Familiar», tropecé con una invisible Muralla de Temor.

Y detuvo mi Sueño en el camino.

A TODO EL MUNDO LE PASA

Tú, también, quizá diste un gran paso hacia lo que en verdad deseas hacer, solo para estar sorprendido con un montón de sentimientos inquietantes. Si es así, es probable que todavía los recuerdes. Te sentiste ansioso. Te sentiste tonto y lleno de dudas. Te sentiste al descubierto, débil e incompetente. Tal vez, como yo, sentiste tanto temor que casi te enfermas.

Esos sentimientos quizá te hicieron dar la vuelta y te enviaron enseguida de regreso a Familiar.

Lo que tú y yo experimentamos es lo que le pasa a todo el mundo que trata de dejar su Zona de Comodidad. Sin embargo, yo logré dejar atrás mi temor y tú también puedes hacerlo. Te mostraré cómo comprender lo que está pasando, y por qué, y cómo atravesar esa invisible Muralla de Temor a fin de experimentar la recién encontrada libertad.

CUANDO LO CÓMODO ES UNA TRAMPA

Cuando uno piensa en esto, debe ser difícil abrirse paso por una Zona de Comodidad... al fin y al cabo, empleamos muchísimo o tiempo en construirla. Una Zona de Comodidad es nuestro agradable edredón de relaciones. Es el relleno de rutinas que nos hace sentir bien. Es la cerca de seguridad de comportamiento aceptable. Es la red de acero de nuestros antiguos éxitos y fracasos.

Nuestra Zona de Comodidad rodea por completo nuestra vida en Familiar, y se siente confortable.

Dentro de nuestra Zona de Comodidad nos sentimos seguros. Tenemos casi la certeza de que podemos tener éxito, lucir bien y sentirnos felices allí. Fuera de allí, bueno, ¿quién sabe?

Fuera de la Zona de Comodidad de todo el mundo se encuentra el gran Desconocido.

Es por eso que no deseamos ir allí.

Ahora bien, no hay nada malo en una Zona de Comodidad. Al fin y al cabo, a nadie le gusta el peligro ni la incertidumbre. Nadie se alista para el malestar.

No obstante, una Zona de Comodidad también puede ser una barrera. ¿Por qué? Porque nuestro Gran Sueño siempre está fuera de nuestra Zona de Comodidad. Eso significa que tendremos que dejar lo que consideramos confortable si queremos lograr nuestro Sueño.

Ordinario enfrentó una decisión: O bien sentía bienestar renunciando a su Sueño o sentía temor y lo seguía. Es posible que pienses que si solo fueras valiente o fuerte, no tendrías que luchar tanto con esa decisión. Sin embargo, cada Soñador lo hace, sin importar cuán talentoso ni valiente sea.

«YO TE AYUDARÉ A HABLAR»

Cuando Dios le describió a Moisés lo que tenía que hacer a fin de hacer realidad su Sueño, es evidente que el primer paso estaba fuera de su Zona de Comodidad[1]. «Así que disponte a partir. Voy a enviarte al faraón», dijo Dios.

Puedo ver a Moisés ahora: ¡petrificado de espanto, buscando un podio en algún lugar, en cualquier parte, al cual aferrarse!

«¿Y quién soy yo para presentarme ante el faraón y sacar de Egipto a los israelitas?», le dijo a Dios. Uno puede decir que se sentía *Indigno*. Años antes, Moisés cometió un asesinato, luego huyó de la escena del crimen.

Aun así, también se sentía *Incapaz*: «SEÑOR, yo nunca me he distinguido por mi facilidad de palabra [...] me cuesta mucho trabajo hablar».

¿Te identificas con los sentimientos de renuencia, temor e incapacidad de Moisés? Yo sí. Cada Soñador que conozco lo enfrenta. A pesar de eso, las grandes nuevas para los Soñadores es que nuestro éxito no descansa solo en nosotros.

Es interesante lo que se reveló en la respuesta de Dios. Moisés fue escogido de manera única para su misión. Y a Moisés también se le dotó de manera única. Y lo que más importaba era que Dios le prometió ayudarlo. Le dijo a Moisés: «¿Y quién le puso la boca al hombre? [...] ¿Acaso no soy yo [...]? Anda, ponte en marcha, que yo te ayudaré a hablar y te diré lo que debas decir».

Dedica un minuto para escribir algunas objeciones que, por muy convincentes que sean, surgieron del porqué de tu Gran Sueño + el Pobrecillo de ti = Inmenso Temor a Fracasar.

¿Cuántas de tus razones dan por sentado que estás en esto tú solo?

Con esto en mente, pregúntate: *¿Cómo respondería Dios a mis preocupaciones y temores personales?*

Recuerdo una mujer que me dijo que estaba atemorizada de seguir adelante con su Sueño. Cuando dejó escapar la palabra *indigna*, dije:

—¿Estás esperando hasta sentirte digna a fin de comenzar?

—Sí —respondió.

Mi respuesta la sobresaltó.

—Pues bien, tú no eres digna —dije—. Y tú nunca te sentirás digna. Si continúas esperando hasta que te sientas digna, nunca vivirás tu Sueño.

Al principio, esto no parecía el aliento que ella estaba buscando. Luego una luz se encendió y sus ojos se pusieron como platos. ¡Qué alivio fue para ella soltar esa falsa carga! Ahora ya estaba preparada para pensar con claridad en el siguiente paso.

Verás, cada Gran Sueño es en un principio un camino que va más allá de tus habilidades y experiencia. Todos nos sentimos Indignos e Incapaces de realizar un Gran Sueño. Sin embargo, la Biblia dice: «Dios escogió lo insensato del mundo para avergonzar a los sabios, y escogió lo débil del mundo para avergonzar a los poderosos»[2]. ¡Dios escogió a propósito a los Indignos e Incapaces como tú y yo!

Ahora considera esto: No se trata en realidad de tus inquietudes, sino que lo que crees que significan es lo que determina lo que viene a continuación.

Atraviesa la Muralla del Temor

¿Recuerdas todos los indeseados sentimientos que experimentó Ordinario cuando salía de Familiar? Al principio, las cosas solo parecían diferentes. No obstante, mientras más se alejaba Ordinario del centro de Familiar, más ansioso y temeroso se ponía en su viaje a través de su Zona de Comodidad. Al final, el temor lo venció y no pudo dar otro paso.

Mientras más cerca estemos de nuestra propia e invisible Muralla de Temor, más miedo sentimos y más propensos somos a creer un peligroso concepto erróneo. Ordinario lo expresó de esta manera: «Si se *suponía* que realizara este Gran Sueño, ¡estoy seguro de que no sentiría tanto miedo!».

Parece perfectamente sensato, ¿verdad? Aun así, es una falsa creencia que puede atrapar a un soñador por años.

Vamos a definir el falso concepto más a fondo.

Concepto erróneo #1 de la Zona de Comodidad:
Puesto que siento temor, mi Sueño no debe ser de Dios.

Te puedo decir por experiencia personal cuán poderoso es este concepto erróneo. Durante muchos años, me mantuve pidiéndole a Dios que ensanchara mi territorio para Él. Al mirar atrás, veo que mi oración puso en movimiento un ciclo previsible, pero frustrante. Se parece a esto:

1. *«¡Por favor, di que sí!»* Primero, oraba por una larga vida para Dios.
2. *«Sí»*, contestaba Él. Su respuesta me conducía a mi Sueño. Aun así, mi Sueño estaba siempre fuera de mi Zona de Comodidad: haciendo algo que nunca antes hice.
3. *«¡No!»*, decía. Experimentaba malestar, ansiedad y, a menudo, verdadero temor. Y puesto que pensaba que si Dios estaba conmigo no tendría que sentir temor, me retiraría a la seguridad de Familiar.
4. *«¿Por qué no dices que sí?»*, preguntaba. A la mañana siguiente me encontraría de rodillas, ¡pidiéndole a Dios *de nuevo* que ensanchara mi territorio para Él!

¿Ves por qué no progresaba mucho durante ese tiempo? Había una autopista de dieciocho carriles que comenzaba conmigo sobre mis rodillas, seguía hasta el límite de mi Zona de Comodidad y giraba en círculo de nuevo.

¡Y no podía imaginarme nunca por qué Dios no contestaba mis oraciones!

Vuelve a pensar en las veces que intentaste dar un gran paso en un nuevo territorio. Cuando tu temor aumentó a medida que te acercabas a lo Desconocido, ¿comenzaste a dudar de lo sabio de tu plan? ¿A preguntar si tu temor sería un mensaje de Dios de que estabas fuera del curso?

Este concepto erróneo conduce a un segundo.

Concepto erróneo #2 de la Zona de Comodidad:
No puedo avanzar a menos que Dios me quite el temor.

«Sin embargo, *tú* puedes eliminar el temor», clamó Ordinario. «*Por favor*, ¡llévate el temor! Si no lo haces, ¡no puedo continuar!» Su petición tiene sentido. Al fin y al cabo, el temor es una natural respuesta humana a una aparente amenaza. Desde el interior, donde estamos cómodos, el temor parece una barrera de alambres de púas que se debe siempre respetar y *nunca saltar por encima*.

Aun así, algunos temores, como el de las alturas o las serpientes, puede mantenernos a distancia del daño, mientras que otros temores, como el de los nuevos retos o lo Desconocido, inevitablemente nos mantendrán a distancia de nuestro Gran Sueño.

En mi experiencia, pocas veces Dios hace desaparecer nuestro temor. En cambio, nos pide que seamos fuertes y valientes. ¿Qué es el valor? Como Ordinario lo descubrió, el valor no es ausencia de temor; más bien es decidir actuar a pesar del temor. Uno podría decir que sin temor, uno no puede tener genuino valor.

Cuando actúas con valor, descubres que el temor no tiene que detenerte. Verás que las cosas que pensabas que te limitaban son más parecidas a los puntos de partida.

EL CORTO RECORRIDO MÁS LARGO DE MI VIDA

Llénate de valor, *de todas formas* tú tienes que decidir continuar.

¿Sabes cómo al fin me llené de valor y enfrenté mi profundo temor de hablar en público?

Un domingo, cuando estaba programado que hablara en una pequeña iglesia en las afueras de Dallas, llevé conmigo un poco de cinta adhesiva negra. Llegué temprano, marqué dos lugares en la plataforma a unos tres metros de distancia de cada lado del podio. Luego le pedí a mi esposa, Darlene Marie, que se sentara en la primera fila y me señalara siempre que ella quería que *pasara por mi Muralla de Temor*.

Ella no se echó para atrás en sus deberes. En cuanto me aferraba al podio con fuerza y comenzaba a sudar, enseguida ella me señalaba hacia la marca a mi izquierda. Esa era mi pista.

¿Podía moverme?

¿Me movería?

La marca en el piso parecía a kilómetros de distancia, pero yo estaba decidido, y el futuro de mi Sueño estaba en juego.

Y me movía.«¡Un minuto, amigos!», decía. (En ese momento, ¡no podía caminar y hablar al mismo tiempo!) Entonces dejaba la seguridad del podio por esa cinta adhesiva negra. Era el trayecto más largo, difícil, áspero y lleno de pánico de mi vida; pero mi Sueño esperaba por mí.

En cuanto alcanzaba la marca, comenzaba a hablar de nuevo. Sin embargo, ahora sentía una oleada de libertad. Sin ese podio para aferrarme, descubría que podía en realidad mover mis brazos. Hacer gestos. Inclinarme hacia el público. Mantener su atención. Y en verdad lo disfrutaba.

Ya sabía el secreto: No tenía que temerle al miedo. Podía pasarlo… y continuar hacia mi Gran Sueño.

¿Existe un lugar en tu vida del que tienes que huir como lo hice yo por años? ¿Estás solo a unos pasos del Sueño que deseas con todo tu corazón?

Entonces necesitas hacer una elección. Decide que dejarás de alejarte del temor y que, en cambio, pasarás a través de él. Escribe tu decisión, pon una nota y no la deseches hasta que des tu primer paso.

¡Ese paso a través de tu Muralla de Temor es un inmenso paso hacia tu Sueño!

CONVERSACIONES CON EL ENTRENADOR DEL SUEÑO

«Estuve luchando con los asuntos de mi Zona de Comodidad por muchos años. No obstante, al final decidí que ya no podía hacerlo más.

¿En algún momento es bueno escoger nuestra comodidad?»

Victoria, Toronto, Canadá

Se supone que nadie tenga que vivir bajo el estrés de abrirse paso por la Zona de Comodidad día tras día. Aun así, te invito a que te preguntes: *¿Por qué hay tal estira y afloja al atravesar esta Zona de Comodidad en mi vida?* Es posible que nunca hayas identificado contra qué o quién estás luchando.

Tu pelea con los asuntos de la Zona de Comodidad revela algo importante: En realidad *deseas* tu Sueño. De otra manera, no habría lucha. Te sientes motivado a entrar en movimiento, pero tu deseo a estar confortable te detiene. Por lo tanto, en este momento de tu vida, la comodidad es el mayor enemigo de tu Sueño.

No hay nada malo en desear estar cómodo. Pero a fin de cuentas, el Sueño es para ayudar a otra persona. La comodidad es para ayudarse uno mismo.

Un día me di cuenta que mi deseo por la comodidad era el enemigo de mi Sueño, y, en esencia, mi deseo de comodidad estaba enraizado en mi egoísmo.

Es lamentable, pero muchas personas en todas las rutas de la vida terminan en hacer de la comodidad personal su Sueño. Aun así, este es un falso sueño, pues la comodidad se convierte en una prisión. ¿Cómo? Mientras más evites el temor, más crees que tu Zona de Comodidad es el hogar. Y mientras más tiempo pases allí, más te convences que debido a que *no has pasado* a través del temor, ¡no puedes hacerlo!

Sin embargo, déjame alentarte. Nunca pienses que debido a que estás luchando, tu Sueño no debe ser importante, ni que eres un Soñador de segunda clase. ¡Solo recuerda que para ninguno de nosotros existe un camino para llegar al lugar de nuestro Gran Sueño sin dejar nuestras butacas!

∿

«He atravesado mi Zona de Comodidad en esferas clave de mi vida. A pesar de eso, sigo encontrando nuevos campos que tengo que enfrentar si deseo vivir mi Sueño. ¿Jamás se marcha la inquietud?

Kenton, Nairobi, Kenya

La verdad es que siempre hay una nueva Zona de Comodidad esperando en tu futuro. Llegarás a muchos umbrales de incomodidad y temor en cada Sueño. Entonces, cuando tu Sueño se ensanche, como le pasó a Ordinario al final de la parábola, ¡puedes esperar una serie de retos nuevos por completo!

Por fortuna, cada vez que atraviesas una Zona de Comodidad, se incrementa el área de tu comodidad. Llegas a estar confortable con cada vez más cosas. Te puedes quedar allí, por supuesto, pero un Soñador es una persona cuya vida está en movimiento.

Esa cinta adhesiva negra en la plataforma fue en realidad solo el principio para mí. El próximo umbral fue la siguiente iglesia grande. Y después de ese, el siguiente centro de conferencias grande. Y así sucesivamente. Luego llegó el día cuando me pidieron que hablara a ochenta mil hombres en el Pontiac Silverdome en Detroit. ¿Enfrenté otra vez temor en ese nuevo lindero de mi Zona de Comodidad? ¡Por supuesto! No obstante, con el aliento de amigos, la provisión de Dios y mi decisión de no huirle a mi temor, atravesé esa barrera.

Alcanzando el temible lindero de tu Zona de Comodidad una y otra vez pruebas que eres un soñador que se mueve hacia su Sueño. Les digo a motivados Soñadores que si no encuentran un problema de Zona de Comodidad con regularidad, algo anda mal. Quizá estén atascados de nuevo en Familiar. ¡A lo mejor necesitan revisar su pulso!

Una decisión por adelantado

Verás, una cosa es preguntarse qué vas a hacer la próxima vez que enfrentes temor en el lindero de tu Zona de Comodidad. ¡Otra cosa es tener ya la decisión! Te beneficiarás enseguida de la claridad, la energía y la atención a medida que persigues tu Sueño.

Mi vida cambió el día en que decidí que *nunca más huiría de mis temores de la Zona de Comodidad*. Cuando pienses en esto, atravesar el temor es un precio muy pequeño para un Gran Sueño. Ese primer paso, que enfrentamos muchas veces en nuestras vidas, debe ser el precio universal que tiene Dios en mente. Creo que Dios quiere saber si en realidad deseamos el maravilloso regalo de su Sueño en nuestra vida.

Por lo tanto, ¿harás el mismo compromiso que yo en cuanto a la Zona de Comodidad? ¿Te comprometerás a nunca más huir de la Muralla de Temor en el lindero de tu propia Zona de Comodidad?

Imagínate lo que parecerá tu vida cuando quebrantes la esclavitud del temor. Extenderás tus alas por nuevos rumbos. Sentirás la fuerza y la paz que necesitas para lograr Grandes Cosas. Te moverás entre las personas y las situaciones con confianza y gracia. Influirás en muchas vidas de maneras poderosas. Y nunca más te alejarás del futuro que deseas en realidad.

Tu Sueño puede parecer muy bueno. Y lo será.

CAPÍTULO DIEZ

OPOSICIÓN INESPERADA

*Ordinario estaba mudo y desconcertado. Había escuchado un rumor
acerca de Intimidantes de la Frontera. Sin embargo, suponía que si
era cierto, los Intimidantes serían los don Nadie que él no conocía.
¡Nunca se imaginó que fueran los don Nadie que lo conocían bien!*

*Ahora su Madre, Tío y Mejor Amigo estaban todos parados en
silencio delante de él, bloqueando su vista al puente de su Gran Sueño.
¿Cómo lograría pasarlos? ¿Debía incluso intentarlo?*

No hace mucho tiempo terminé una parte de mi Gran Sueño y
comencé otro. Para iniciar el nuevo Sueño fue necesario un corto viaje en auto (de nuestra casa al aeropuerto), luego un largo vuelo
(de Atlanta, Georgia, a Johannesburgo, África del Sur).

Veinticinco años después de fundado el ministerio Caminata
Bíblica decidí renunciar como presidente.

Nuestro nuevo Sueño era servir a Dios en África. Sin duda alguna
fue el mayor y más inesperado cambio que jamás experimentara mi
familia. Sin embargo, sabía qué era lo que debía hacer. Mi esposa y mi
familia lo sabían también. Y Dios lo confirmó de varias y muy específicas maneras.

Aun así, en el momento que se anunció el Sueño, la gente comenzó a desfilar por nuestra puerta principal. Vinieron para decirnos, de
la manera más amable pero fuerte posible, ¡que estábamos *equivocados, equivocados, equivocados!*

«¿Qué estás haciendo? Estás en el pináculo de tu carrera. ¡Lo hiciste! ¿Qué pasa contigo?»

«La verdadera razón por la que renuncias tiene que ser que tu matrimonio se deshace o que hay algo muy terrible en el ministerio. ¿Cuál es?»

«Puesto que muchos de los que no están de acuerdo con esto son más viejos que tú, debes estar engañado espiritualmente. Sin duda, ¡te encaminas hacia un desastre!»

«De todas formas, ¿qué harás en África? No tienes una planificación. ¿Cómo te vas a sostener tú mismo?»

¿Alguna vez te has encontrado un Intimidante de la Frontera en la puerta principal? A veces un Intimidante es un enemigo real, un faraón que decreta: «¡No voy a dejar que te vayas!».

No obstante, algunos de los más convincentes Intimidantes que alguna vez encontrarás son las personas que conoces y que te aman. Solo viéndolos parados delante de ti con un NO escrito en sus rostros pueden ser un impacto total. ¿Qué se supone que hagas en un momento como ese? ¿Escuchas? ¿Razonas? ¿Deberías estar de acuerdo con ellos y regresar?

En este capítulo deseo ayudarte a comprender lo que motiva a tus Intimidantes cuando dicen cosas como «¡No!» y «Regresa ahora». Y te mostraré las maravillosas oportunidades que ellos, sin saberlo, llevaron justo a tu puerta.

DEPRISA HACIA LA FRONTERA

«Retrocede» no es lo que los Soñadores esperamos escuchar en este punto de nuestro viaje. Acabamos de escoger nuestro nuevo Sueño y atravesamos nuestra Zona de Comodidad. Estamos preparados para salir. Deseamos escuchar que las personas que nos rodean digan: «¡Gran idea!», «¡Deseo poder hacer eso también!» o «¡Inténtalo!».

Entonces, ¿por qué de repente encontramos oposición? Déjame tratar de poner este momento en perspectiva.

En la Zona de Comodidad luchaste contigo mismo, con lo que te dices tú mismo, con tus propias creencias. Tuviste que hacer una sola decisión en el camino fuera de Familiar. Tuviste que escoger tu Sueño por encima de tu comodidad.

A pesar de eso, cuando entras al Área Fronteriza, debes lidiar con otros. Debes enfrentarte a sus palabras y creencias. ¡El porqué se aparecen de repente es que ahora estás perturbando *su* Zona de Comodidad! Esa red de relaciones y expectativas en Familiar se estremece con violencia debido a que alguien se movió... tú.

Cada uno de nosotros ha sido un Intimidante para otra persona en una situación diferente. Fuimos deprisa hacia la Frontera cuando un amigo o pariente estaba a punto de hacer algo que podría amenazar nuestra comodidad. Tener esto en mente nos ayudará a escuchar a nuestros Intimidantes con más comprensión.

¿Qué escuchaste, o dijiste, hace poco en la Frontera del Gran Sueño de alguien? Mira a ver si reconoces algunas de estas francas líneas:

«He estado pensando muchísimo en tu plan, y me disgusta decir esto, pero...»

«¿Estás seguro de que tienes la suficiente experiencia para esto?»

«Esa idea tuya es interesante. No obstante, ¿de dónde vas a sacar el dinero y la gente para hacerla realidad?»

«Aun así, nosotros nunca lo hemos hecho de esa manera».

Por supuesto, la mayoría de los Intimidantes tienen buenas intenciones. Y nos sorprenden en un momento vulnerable. Si en la actualidad estás enfrentando Intimidantes, anímate. El mismo hecho de que ellos estén parados delante de ti significa que te mueves hacia tu Sueño. Su oposición puede en realidad ayudarte a aclarar tu sueño y a fortalecer tu decisión.

Permíteme mostrarte cómo.

¿Quién está en tu Área Fronteriza?

Por fortuna, encontramos más personas que simples Intimidantes en nuestra Frontera. Analicémoslo uno a uno:

1. Un Intimidante de la Frontera se opone a ti

Ya hemos visto cómo actúan los Intimidantes.

Recuerda, ante todo reaccionan debido a que perturbaste *su* Zona de Comodidad. Se sienten amenazados. Temen perder algo importante: su seguridad o rutina, sus suposiciones acerca del éxito.

Quizá sienten que *te* pierden. Una vez le pregunté a un gran grupo de estudiantes universitarios qué era lo primero que le venía a la mente cuando hablábamos sobre Intimidantes de la Frontera. Las manos se levantaron por todas partes. Y casi todos tuvieron la misma respuesta: «¡Mi mamá!» o «¡Mi papá!».

Ordinario se encontró con cuatro Intimidantes que podrías reconocer:

- *El Alarmista* dice: «¡No es seguro!». A este Intimidante (la Madre de Ordinario) lo motivó el temor y la tendencia a exagerar los riesgos.
- *El Tradicionalista* dice: «¡Nosotros no lo hacemos de esa manera!». A este Intimidante (su Tío) no le gusta el cambio. A menudo idealiza el pasado y lo motivan la costumbre y la rutina.
- *El Derrotista* dice: «¡No es posible!». Este Intimidante (Mejor Amigo) ve problemas en todas partes y está seguro de que el sueño ni se va a realizar ni tampoco se puede hacer.
- *El Antagonista* dice: «¡No te dejaré!». Este Intimidante (el Amo) usa autoridad o intimidación para bloquear tu sendero. Los Antagonistas podrían venir en tu contra debido a que temen perder dinero o control. O quizá solo sea porque no les caes bien tú o lo que estás haciendo, y tienen el poder de detenerte.

¿A quién identificarías como un Intimidante de tu Sueño? ¿Por qué crees que esta persona va en contra de tus planes?

2. Un Camarada de la Frontera te fortalece y apoya

La mayoría de nosotros tenemos algunos Camaradas en la vida y los necesitamos también. Quizá el tuyo sea un buen amigo, un vecino, un pariente o un maestro. Los Camaradas se preocupan de nosotros y lo dicen. Ven el lado bueno. Están dispuestos a ponerse de nuestra parte, o al menos a permanecer neutral, cuando estamos bajo fuego.

La Madre de Ordinario cambió de opinión y se convirtió en un estímulo y un apoyo para su hijo. No podía ayudar a Ordinario a atravesar su Frontera, pero su apoyo lo ayudó en su camino.

¿Qué personas identificarías como Camaradas valiosos en tu vida hoy?

3. Un Alentador de la Frontera te ayuda a seguir tu Sueño

Un Alentador hace más que darte apoyo. Reconoce que Dios te dio un sueño y decide ayudarte de manera activa a que lo sigas. En la parábola, Campeón fue un Alentador de la Frontera. Ayudó a Ordinario a comprender el porqué sus Intimidantes estaban enojados. Luego le mostró el sendero de la sabiduría. Es probable que Ordinario hubiera vuelto a casa si no se hubiera encontrado con Campeón.

Los Alentadores de la Frontera en tu vida son un tesoro poco común. Son casi siempre experimentados Soñadores que han estado donde tú estás. A menudo, vienen a tu vida solo por un corto período, un maestro, por ejemplo. O un jefe. O incluso un encuentro «fortuito» con un desconocido. Sin embargo, nunca los olvidarás.

El doctor John Mitchell fue uno de mis Alentadores. Fue consejero delegado en la universidad donde comencé mi carrera docente. Pudo ver lo que yo no veía como joven profesor: que mis fines de semana de presentar seminarios de Caminata Bíblica a las iglesias alrededor del país eran el verdadero rumbo de mi futuro.

¿Cómo el doctor Mitchell me ayudó en mi Sueño? De un modo discreto inició cambios en mi horario de clases de modo que lograra pasar más tiempo fuera del campus. Me dijo: «Bruce, algunos miembros de la facultad quizá se pongan celosos por esta disposición, pero quiero que tengas esto. Deseamos que te quedes aquí para siempre, pero creo que Dios tiene un gran futuro para ti más allá de esta escuela. Hasta entonces, seremos un invernadero para el ministerio que Dios está preparando para ti».

¡Ese es un Campeón del Sueño! Vio cosas que yo pasé por alto. Creyó cuando yo no lo creía. Hizo que pasaran cosas que yo no podía hacer. Y derramó valentía de su corazón directo en el mío.

La mayoría de nosotros necesita ese tipo de ayuda a fin de atravesar el verdadero obstáculo en la Frontera.

¿A quién agradarás?

La única y mayor razón para que los Intimidantes de la Frontera nos detengan a gran parte de nosotros en seguir el Sueño que Dios nos dio es nuestro *temor al hombre*. «Temer a los hombres resulta una trampa», dice la Biblia[1].

No es fácil mantenerse firme contra los que amamos y nos preocupan. La necesidad de ser popular y admirado por otros está enraizada en lo más profundo de nuestra naturaleza.

Puesto que a casi cada Sueño lo rechaza al menos un fuerte Intimidante, sobre todo en las primeras etapas, te *enfrentarás* a una elección. Debes decidir a quién quieres agradar más: a tus Intimidantes de la Frontera o a Dios.

¿Es tu Sueño lo suficiente importante para ti que estás dispuesto a apoyarlo y protegerlo? Cuando le das el derecho de aprobación de tu Sueño a cualquier persona o grupo, le estás dando el derecho de controlar tu Sueño.

Ahora es el momento de hacer decisiones basadas en la sabiduría, no en la intimidación. ¿De quién te debes liberar a fin de avanzar con tu Sueño? ¿Hay alguna persona o grupo que honras por encima del Dador de Sueños?

Una vez que decidas agradar más a Dios que a otros, estás preparado para recibir de otros *solo* lo que es de ayuda, y avanzar hacia la siguiente fase de llevar a cabo tu llamamiento de Dios.

VOCES A FAVOR Y EN CONTRA

Escucha a los Intimidantes de la Frontera que describe Moisés *incluso antes de encontrarse con ellos*: «¿Y qué hago si no me creen ni me hacen caso? ¿Qué hago si me dicen: "El SEÑOR no se te ha aparecido"?»[2].

¿Te identificas? Incluso antes de que actúes, puedes escuchar las ansiedades o las opiniones negativas de personas clave en tu vida.

Como resultó, Moisés tuvo razón. Los israelitas que trataba de liberar temían la desaprobación de Faraón. Aun cuando estos odiaban su esclavitud, no deseaban perder la seguridad de la vida que conocieron siempre. Por lo tanto, se opusieron a Moisés con la misma crítica y resistencia que esperaba él[3].

No obstante, el más imponente Intimidante de Moisés era el faraón, el Amo de Egipto. El faraón no quería perder esta valiosa fuente de trabajo esclavo. Esta es la famosa respuesta a su petición por libertad: «¡No los dejaré ir!».

Más tarde, después de huir de la esclavitud en Egipto, la nación de Israel se enfrentó de nuevo a Intimidantes en la frontera de Canaán. Se enviaron doce espías a Canaán a fin de explorar la tierra. Cuando regresaron, diez de ellos dijeron: «Regresemos». Lo que les esperaba delante *era* tan prometedor como lo dijo Dios, informaron, pero reclamar la tierra sería demasiado difícil y peligroso[4].

¡Qué día más triste en esa historia de la nación! Tener a la vista su Gran Sueño, solo para permitir que la opinión de unos Intimidantes apartara a toda la nación.

Espero que a medida que leas esto, ganes nueva fortaleza para el Sueño que aguarda por ti. Puedes dejar atrás esas opiniones negativas. Puedes reclamar lo que ya es tuyo.

CONVERSACIONES CON EL ENTRENADOR DEL SUEÑO

He aquí algunas maneras prácticas de enfrentarte con los Intimidantes de la Frontera de tu vida.

❦

«Hace poco decidí renunciar a mi empleo como analista de computación a fin de aceptar una posición de mucho menos salario en un proyecto privado de salud. Deseo hacer algo que esté relacionado de manera más directa con las personas necesitadas. Sin embargo, la crítica de mi familia y otros me ha hecho retroceder. No estoy seguro de cómo procesar todas sus opiniones. De todas formas, ¿qué le dice uno a un Intimidante?

Sanjay, Bangalore, India

¡Es indudable que dar un paso osado desde la seguridad financiera y en dirección a tu Sueño saque a relucir a los Intimidantes! He aquí algunas preguntas clave que te ayudarán a pensar a través de su crítica:

¿Tiene el Intimidante problema contigo o con tu Sueño? Esta es una importante distinción. ¿Eres tú el que no les gusta o no confían en ti, o es algo relacionado con tu Sueño? Una vez que identifiques la fuente de su preocupación, puedes responder con determinación. Trata de separar las preguntas acerca de tu meta, de sus preguntas sobre cómo te propones alcanzar esa meta. Es posible que encuentres, por ejemplo, que un Intimidante esté de acuerdo con tu meta si solo ajustas tu tiempo o la manera en que vas a llevar a cabo tu Sueño.

¿Qué motiva a tu Intimidante de la Frontera? Preguntar esto te ayuda a identificar el tipo de Intimidantes con los que te enfrentas. ¿Están preocupados por ti o temen por ellos mismos? ¿Qué perderían por tu acción?

¿Has comunicado con claridad tu Sueño y tus planes? La mayoría de los Soñadores principiantes comienzan a tener luchas aquí. Nos damos

cuenta de lo difícil que es ver y definir el sueño con claridad, incluso para nosotros mismos. Aun así, la comunicación cuidadosa ha cambiado a muchos Intimidantes en Camaradas. Sigue tratando hasta que logres describir, con una motivadora oración, lo que quieres lograr.

¿Valen la pena sus preocupaciones? Los Intimidantes de la Frontera a menudo exageran los peligros o riesgos, aunque también hacen importantes observaciones. Su oposición puede ayudarte a aclarar o a reorientar tus planes, sobre todo si ellos te conocen o tienen especial preparación o experiencia en el campo de tu Sueño.

Escucha con atención, pidiendo discernimiento a Dios. Sin embargo, ¡no permitas que nadie sino tú y tu Dador de Sueños se adueñe de tu Sueño!

∽

¿Qué hago en cuanto a un muy importante Intimidante que al parecer no logro persuadir? ¿Sigo intentando para que cambie de opinión?»
Natasha, Moscú, Rusia

Mucho depende de a qué tipo de Intimidante te enfrentas. Desde luego, a algunos de tus Intimidantes *tienes* que convencerlos a fin de avanzar, sobre todo si es un jefe o un participante clave en tu Sueño. Si ese es el caso, sé paciente. ¿Es un asunto de tiempo? ¿Es un asunto de ayudar a esta persona a que capte la visión? Trata de identificar cuál interés de ella está en juego .

Si es tu cónyuge el que no está de acuerdo con tu Gran Sueño, en especial si se trata de un asunto a largo plazo, debes tomarlo como una advertencia de parte de Dios. Antes de seguir adelante, los cónyuges deben estar de acuerdo acerca de cualquier Gran sueño que de una manera significativa afectara el curso de sus vidas.

Algunos Intimidantes solo necesitan saber que tú los escuchas. Otros necesitan ser valorados por sus puntos de vista o papeles en tu vida. Algunos solo hace falta evitarlos.

HAZ TU CRUCE

Tú sabes que estás preparado para moverte y pasar a tus Intimidantes de la Frontera cuando te das cuenta que sus objeciones pertenecen a Familiar. Y ya tú no vives allí.

La Frontera es el límite más distante de tu antigua vida. Un paso más y andarás en tu nueva vida.

¿Qué es ese paso?

Para mí y mi familia significó usar los billetes de avión. Y lo hicimos. Hicimos nuestro cruce de Atlanta a Johannesburgo: diecisiete horas sentados, esperando y preguntándonos qué se nos avecinaba. Aun así, la parte difícil estaba detrás de nosotros.

Mi experiencia en el Área Fronteriza me enseñó que mientras más grande sea la visión, y más diferente a lo que uno haya hecho antes, más Intimidantes te mostrarán su oposición. Con todo, eso no significa que debas retroceder.

Dwight L. Moody, el innovador líder del siglo diecinueve, dejó su huella en el mundo al ir *en contra* del consenso. Acerca de él, su hijo escribió:

> Se pudo decir con seguridad que en el principio de todos sus mayores y exitosos esfuerzos él permaneció solo, actuando contra el consejo de los más capaces, en apariencia, para juzgar el asunto, con la única excepción de su más valiosa consejera humana... su esposa[5].

Haz tu cruce, Soñador. Tu maravilloso futuro te espera. Y el Dador de Sueños está preparado para ayudarte a encontrarlo.

CAPÍTULO ONCE

DIAMANTES EN EL DESIERTO

Cuando al fin el viento paró, Ordinario se puso de pie. Pero hasta donde podía ver, solo había arena. El sendero a su Sueño había desaparecido por completo. ¡Era obvio que todo su viaje a través de la Tierra Inútil fue Inútil!

Ardientes lágrimas surcaron sus sucias mejillas. «Tú no eres un Dador de Sueños», gritó al cielo. «¡Tú eres un Destructor de Sueños! Confié en ti. Prometiste estar conmigo y ayudarme. ¡Y no lo hiciste!»

¿Alguna vez te has embarcado en fe, tomándole la palabra a Dios, solo para correr de cabeza al fracaso y a la desesperación?

Algunas veces cuando pones en riesgo todo, también lo pierdes todo.

O así parece en ese momento.

En 1977, poco después que Darlene Marie y yo dimos inicio al ministerio de Caminata Bíblica en nuestro sótano, comenzamos a recibir peticiones a fin de darle continuidad a la enseñanza de la Biblia. Una revista parecía la elección más natural. Por lo tanto, comenzamos una revista de devocional diario llamada *The Next Meal* [La siguiente comida].

Nuestro pequeño equipo de publicación sentía de manera firme que Dios nos pedía que procediéramos en fe. Para nosotros, eso significaba nunca cobrar por la revista ni pedir dinero tampoco.

Nuestra lista de suscripción crecía a un ritmo fenomenal. Los testimonios llegaban a raudales, dándonos gracias por el ministerio y presentando nombres de amigos a fin de añadirlos a la lista. Y el correo solo traía escasas donaciones. Sin embargo, nuestros contribuyentes y consejeros creían que Dios honraría nuestra entrega. Incluso nuestro impresor decía: «No te preocupes, Bruce. Sé que vendrá el dinero».

Cada mes derramábamos nuestros corazones en esto. Cada mes esperábamos en Dios. Y cada mes nos hundíamos más profundo en las deudas. ¿Por qué Él no proveía para algo que teníamos la certeza que nos guiaba a hacer?

Para el quinto mes, habíamos gastado todos nuestros fondos. No podíamos pedir más préstamos y teníamos más de sesenta mil dólares en deuda (más de mi salario de cinco años en esa época). Al final, le dije a nuestro equipo que si Dios no proveía dinero para el último viernes del mes, nos veríamos obligados a suspender la publicación.

Todas las mañanas nos arrodillábamos y le pedíamos a Dios por los fondos para hacer su obra. Luego nos levantábamos y nos poníamos a trabajar, llenos de fe en que Él no nos fallaría.

No obstante, no lo hizo. Ese viernes, a las cinco de la tarde, celebramos una pesimista reunión de negocios. ¿Orden del día? Suspender la publicación, escribir dolorosas cartas al impresor y a nuestros lectores y comenzar un plan a fin de pagar cada centavo de deuda, lo cual hicimos.

La corta y llena de esperanza vida de *The Next Meal* terminó. Cuando abandonamos la habitación esa noche, le dije a Darlene Marie: «Pues bien, una cosa es segura: Dios nunca nos llamó a hacer revistas, ¡y nunca haremos otra!».

Con todo, el dolor que sentimos era más profundo que eso. Verás, todos creíamos que Dios nos *había* llamado a hacer una revista para Él.

Lo obedecimos a un gran costo personal. Y luego sentimos que Dios observaba desde afuera mientras nosotros sucumbíamos en llamas.

Esta fue una de las etapas más decepcionantes de mi vida. Todos nuestros esfuerzos terminaron en fracaso e inutilidad. Como resultado, perdí toda mi confianza en que alguna vez dirigiría de nuevo.

Como te imaginarás, no tardó mucho tiempo en que mi fe se marchitara en esa Tierra Inútil. Pronto, me sentí a la deriva, enojado y confundido.

«¡QUÉ INÚTIL!»

Si alguna vez has soportado largas pruebas, has visto un importante sueño postergado, o te has sentido olvidado por Dios, ya sabes cómo se siente la Tierra Inútil. En realidad, es posible que ahora mismo estés en una Tierra Inútil de algún tipo. Si es así, es probable que sientas lo mismo que sintió Ordinario: ¡cómo tu Gran Sueño se convirtió en una larga, miserable, injusta y total inutilidad!

Lo comprendo. He estado allí; pero te aseguro que estás a punto de leer un capítulo de gran esperanza.

Al final, cada perseguidor de Sueño termina teniendo una experiencia de desierto de algún tipo. Cuando hace poco le pregunté a un auditorio cuántos pensaban que estaban en la actualidad en la Tierra Inútil, cuarenta por ciento de las personas levantaron las manos.

Sin embargo, lo que muchísimos Soñadores pasan por alto durante su recorrido a través de los tiempos del desierto son los diamantes en la arena: las extraordinarias evidencias en casi cada vuelta de un generoso y misericordioso Dador de Sueños en acción.

¿Me crees? En ese tiempo de mi experiencia en la Tierra Inútil, no sabía lo que te estoy diciendo ahora. Si hubiera sido así, habría impedido una larga etapa de innecesario dolor y extravíos.

No fue hasta años después que logré mirar hacia atrás a esa etapa y vi que Dios estaba trabajando fielmente. Lo que no sabíamos entonces era que Él tenía planes para un tipo diferente de revista,

The Daily Walk [El andar diario], y que nos estaba preparando para lograrlo. Hoy, Caminata Bíblica publica diez revistas cada mes, en colaboración con ministerios alrededor del mundo. (Una lección que aprendí: ¡Cobra por una suscripción!)

Cien millones de revistas devocionales después, es claro que Dios no nos falló. Dios solo tenía un Sueño mayor al que podríamos haber logrado o siquiera imaginado en ese tiempo. Y Él quería que nuestra fe creciera lo suficiente de manera que lográramos el Sueño con Él.

Regalos en la Tierra Inútil

Casi todo Soñador con el que he hablado alrededor del mundo que ha entrado en la Tierra Inútil se sorprende al estar allí. ¿Por qué? He notado una secuencia universal de hechos.

Después que evadimos nuestros obstáculos internos, nuestra Zona de Comodidad, y encontramos un camino alrededor de nuestros obstáculos externos, nuestros Intimidantes de la Frontera, estamos preparados para que nuestro Sueño se haga realidad. Es más, ¡ya nos sentimos probados a plenitud! Pensamos, como Ordinario, que nuestro Sueño está al doblar de la esquina.

Sin embargo, la mayoría de las veces no es así. En su lugar, encontramos una serie de pruebas inesperadas que nunca parecen terminar. Nadie nos preparó para esto. Las demoras y los contratiempos se prolongan. Pronto surgen las desilusiones. Al final comenzamos a pensar que debíamos abandonar nuestro Sueño.

¿Esta secuencia circula en verdad en tu experiencia? ¿Qué es probable que el Dador de Sueños estuviera haciendo por nuestro *bien* con un plan como ese?

Creo que nuestras no solicitadas pruebas del desierto son una serie de invitaciones a crecer en nuestra comprensión de nosotros mismos y de Dios y en el fortalecimiento de nuestra fe en Él.

Cuando el Dador de Sueños parecía que «no se veía por ninguna parte», la fe de Ordinario comenzó a desaparecer. Antes que

Ordinario pudiera luchar por su Sueño y vencer, necesitaba cambiar en su interior, necesitaba aprender a resistir y confiar.

La Tierra Inútil *no* sucede debido a que Dios no esté prestando atención, ni a que Él esté enojado con nosotros. No se debe a que hemos pecado (aunque podemos extender nuestro tiempo allí).

Por el contrario, la Tierra Inútil ocurre por una buena e importante razón: Es una inestimable etapa de *preparación*. Este es el lugar en el que Dios lo transforma a uno en la persona que puede hacer realidad el Sueño.

¡La Tierra Inútil es el tierno regalo del Dador de Sueños para los Soñadores con un futuro!

LA IMPORTANCIA DE ESTAR POR ENCIMA DE TU COMPRENSIÓN

Estaba almorzando con un amigo que tenía un doctorado en desarrollo de liderazgo. Le pregunté: «Basado en toda tu investigación y experiencia, ¿qué dirías que es el secreto más importante para el desarrollo de líderes de talla mundial?».

Bajó su tenedor. «Bueno, no se trata de un curso, una conferencia, ni un libro», dijo. Luego tomó su tenedor y comenzó a comer de nuevo.

Su respuesta me intrigó. Le pedí que explicara.

«La única y mejor manera para desarrollar líderes», dijo, «es sacar a las personas de su medio seguro y de la gente que conocen y lanzarlas en una nueva arena que conocen poco. Es preferible que sea de una manera que esté por encima de su comprensión. A decir verdad, mientras más exijan sus retos y más presión y riesgos enfrenten, lo más parecido a un dinámico líder emergerá».

Al principio su teoría me sorprendió. Parecía insegura y cruel. Aun así, al pensarlo dos veces, me recordó muchas de mis propias experiencias en la Tierra Inútil.

Es más, Dios usó un método similar para levantar un líder en el desierto, en el viaje de Egipto a la Tierra Prometida.

PREPARACIÓN PARA LA GRANDEZA

Simplemente no hay camino para llegar de Egipto a Canaán sin viajar a través de mucha Tierra Inútil. Incluso hoy, la península del Sinaí es uno de los más vacíos y desolados lugares de la tierra.

La supervivencia en ese tipo de terreno te cambia. Y los israelitas que entraron en la Tierra Prometida no fue el mismo indeciso y quejoso grupo que abandonó Egipto. Para empezar, murió casi toda la generación que nació esclava. Solo quedaron unos pocos. Después de cuarenta años, surgió una nueva y probada generación del desierto.

Un hombre que lo vio todo de principio a fin fue Josué. Durante ese tiempo de prueba y sufrimiento (lo cual no pidió) y de interminables demoras (las cuales no hizo nada para merecerlas), Josué maduró. Avanzó de ayudante de Moisés a espía y guerrero y, al final, hasta ser la única persona completamente preparada para guiar a Israel después de la muerte de Moisés.

¿Qué lograron los años del desierto? Cuando al fin Israel estaba a punto de abandonar el desierto, Moisés le dijo a la nación que Dios había permitido que pasara esa experiencia por una importante razón: probar y reformar a cada persona de dentro afuera[1].

Lo primordial de cada prueba en la Tierra Inútil es esto: Cuando Dios parece ausente y todo va mal, ¿seguirás confiando en Dios lo suficiente a fin de que con paciencia le permitas que te prepare para lo que se avecina?

He notado que mientras más grande sea el Sueño, más durará el tiempo de preparación. José pasó años perfilando sus habilidades en la prisión (aun cuando era inocente) antes de que se levantara para gobernar a todo Egipto. David se ocultó por años en las cuevas del desierto dirigiendo a cuatrocientos hombres que estaban en angustias, deudas o descontentos antes que estuviera bien preparado para convertirse en rey.

Del mismo modo que Josué, José y David pasaron las pruebas del desierto y emergieron preparados para sus Grandes Sueños, tú también puedes hacerlo.

Tus regalos vienen con un precio

El motivo y el plan de Dios en la Tierra Inútil es prepararte a fin de que llegues a ser la persona que puede tener éxito en tu Sueño. Aun así, el resultado de las acciones de Él es asunto tuyo. Tu respuesta depende de cómo respondes dos preguntas importantes:

1. ¿Cuánto deseas que tu Sueño se convierta en realidad?
2. ¿Crees lo suficiente en el Dador de Sueños como para confiar en su propósito y aceptar su plan de preparación, aun si no lo comprendes o no estás de acuerdo con esto?

La Biblia describe las pruebas que tú y yo enfrentamos en la Tierra Inútil como «la prueba de tu fe»:

Considérense muy dichosos cuando tengan que enfrentarse con diversas pruebas, pues ya saben que la prueba de su fe produce constancia. Y la constancia debe llevar a feliz término la obra, para que sean perfectos e íntegros, sin que les falte nada[2].

¿Cómo uno puede considerarse «dichoso» cuando la Tierra Inútil es todo lo que uno ve en cada dirección? Es obvio que las experiencias de la Tierra Inútil no traen gozo. Son dolorosas.

Por lo tanto, ¿cómo vivimos dichosos en el desierto? Solo cuando comprendemos que la razón para considerarnos dichosos no se debe a la experiencia, sino al *resultado* de la experiencia. Analiza de nuevo esta frase: «para que sean perfectos e íntegros, sin que les falte nada».

Verás, la Tierra Inútil te madura… ¡si lo permites! Es más, todo lo que ahora te falta para lograr el cumplimiento de tu Sueño se te ofrece en la Tierra Inútil. La promesa de Dios es que no te faltará nada cuando salgas del otro lado. Cuando termine lo que te «falta»,

¡termina la Tierra Inútil! Ese es el compromiso de Dios para ti y tu futuro.

Y *eso* es un compromiso que puede traer mucho gozo, sin importar las circunstancias.

No es de sorprenderse que el lugar en el que con más probabilidad experimentamos pruebas sea precisamente donde más luchamos para confiar en Dios. Piensa en los campos donde se retó a Ordinario a confiar. ¿Proveería el Dador de Sueños? ¿Lo guiaría? ¿Estaba presente? ¿Cumpliría sus promesas? ¿Era su plan el mejor o había otro superior?

Existen campos universales de lucha y crecimiento para los Soñadores que tratan de realizar Grandes Sueños.

Por consiguiente, necesitas hacer una decisión. ¿Le darás permiso a Dios para hacer su obra por el tiempo que Él quiera, de la manera que quiera, a fin de cambiarte todo lo profundo que Él quiera y prepararte para tu Gran Sueño?

Es un inmenso compromiso, pero tu Sueño vale la pena. Y tu decisión abrirá la puerta al gozo en medio de cualquier circunstancia.

Así que rechaza comprar la mentira de que tu Tierra Inútil es demasiado difícil. *No* es demasiado difícil. *No* es demasiado tiempo. Tus pruebas en el desierto son la mejor respuesta a uno de tus más profundos deseos y oraciones: «Por favor, ¡conviérteme en la persona que necesito ser a fin de llevar a cabo el Sueño para el cual me creaste!».

Conversaciones con el Entrenador del Sueño

La pregunta más común de la Tierra Inútil que hice es la siguiente: «¿Qué debo hacer con exactitud si estoy en la Tierra Inútil?». He aquí algunas sugerencias:

1. *Identifica* si estás en realidad en una Tierra Inútil. No todas las pruebas son Tierras Inútiles. Pregúntate si ya estás tras tu sueño o en una ampliación de este. La experiencia universal de la Tierra Inútil

se parece a la demora, la inutilidad, la incapacidad de realizar progresos y estar presionado más allá de tus límites.

2. *Aísla* las principales esferas donde necesita crecer tu confianza en Dios. ¿Qué en tu Sueño hace que en realidad dudes de Dios ahora mismo? Pregúntales a los que te rodean lo que piensan que Dios está tratando de enseñarte. (Entonces, sigue persistiendo, ¡a menudo tus amigos lo han visto venir antes que tú!) Trata de ponerte del lado de Dios en el problema y encontrar maneras de pedir el cambio saludable.

3. *Instala* algunas redes de seguridad debajo de ti a fin de alentarte y protegerte cuando tengas ganas de abandonar el llamado del Dador de Sueños en tu vida. Los amigos me ayudaron a través de dos largas y difíciles experiencias de Tierras Inútiles: una en mis veintitantos años de edad y otra en mis cuarenta. En ambas ocasiones deseaba con desesperación huir de regreso a Familiar, y en ambas ocasiones sus consejos e incondicional amor me guardaron seguro y en el rumbo a fin de terminar en lugar de desertar.

4. *Incrementa* la cantidad de tiempo que pasas con el Dador de Sueños. Dedica más tiempo del acostumbrado a leer y estudiar la Biblia. Enfócate en Éxodo, Josué y los Salmos. Te asombrarás de cuántas veces encontrarás la respuesta que estás buscando. Recuerda pedirle a Dios la sabiduría que Él prometió dar a todo el que la pide con fe. Ora por las cosas que más te preocupan. Y mantén un diario espiritual. He llenado muchos Diarios del Sueño durante las etapas en la Tierra Inútil de mi vida. Como muchos otros, encuentro que lo hago mejor cuando puedo trabajar a través de mis preguntas, emociones e ideas sobre el papel con mi Dador de Sueños.

5. *Inculca* el profundo compromiso en tu corazón de que no volverás atrás, sin importar cuánto tiempo, cuán difícil ni doloroso quizá sea el sendero a través del desierto. Aférrate a esta verdad clave: «Pero mi justo vivirá por la fe. Y si se vuelve atrás, no será de mi agrado»[3]. ¡No te vuelvas atrás en el desierto!

El Soñador lleno de fe

Si estuviéramos hablando ahora mismo, cara a cara, sabría con solo mirarte a los ojos si estás en la Tierra Inútil. Reconocería las señales de un alma bajo el estrés, las huellas del dolor y la desilusión. Y también sería capaz de ver más allá de tus circunstancias al Soñador más fuerte y lleno de fe en que te convertirás.

He pasado varias etapas en la Tierra Inútil. ¿Por qué? Era lo que el Dador de Sueños consideraba mejor para mí... eso es todo lo que sé con seguridad. Sin embargo, tengo bastante claro que algunas de esas veces que pasé allí fueron a petición mía.

Por supuesto, no le pedí de manera *específica* a Dios por más demoras, frustraciones y luchas. Lo que le pedí, no obstante, fue que ensanchara el territorio de mi servicio por Él. Más servicio significa un Sueño más grande. Y un Sueño más grande exige un Soñador más preparado.

Más preparación.

Más resistencia.

Más fe.

Más decidida convicción de que ninguna circunstancia, dificultad, ni confusión puede cambiar la verdad de mi Sueño, ni la fidelidad de mi Dador de Sueños.

¿Anhelas también ser un Soñador lleno de fe que está preparado para todo lo que Dios tiene para ti y tu vida? Te invito a que te unas conmigo en darle permiso a que lleve a cabo el tipo de transformación de cualquier manera que Él considere mejor.

Luego vuelve tu corazón hacia tu Sueño, convencido de que nunca más necesitarás desperdiciar tus viajes en la Tierra Inútil.

CAPÍTULO DOCE

UNA SORPRENDENTE INVITACIÓN

Cruzando el área del bosque, se sintió enmudecido, pequeño y tragado por la Grandeza.

Luego comenzó el ascenso. Cada vez escalaba más alto, siguiendo el arroyo, hasta que de repente entró a un claro lleno de brillante luz.

Su corazón le dijo que este era el Santuario y que estaba en la presencia del Dador de Sueños.

Recuerdo que salí de una caliente, atestada y ruidosa casa a una noche en las montañas Rocosas. La puerta se cerró detrás de mí. *Clic.*

Al instante, cesó el clamor de voces. Desaparecieron todas mis preocupaciones acerca de las personas y los problemas. El aire frío de la noche rozó mi piel. Quizá di unos cinco pasos en el recién cortado césped... y miré hacia arriba.

¡Ah!

Estrellas, estrellas y más estrellas resplandecían a través del negro cielo de la noche. Las más hondas profundidades de la eternidad parecían abrirse encima de mí y a mi alrededor... silenciosas, inmensas, a la espera.

Permanecí allí maravillado.

¿Recuerdas alguna vez en que tuviste un momento como ese? El sentimiento es universal. De repente te das cuenta de una profunda dimensión. Te sientes, como Ordinario, «enmudecido, pequeño y tragado por la Grandeza».

De esto es de lo que trata este capítulo. En algún lugar, a lo largo del viaje, te puede pasar... si lo decides. Dios te pondrá una emboscada con una invitación a permanecer en su presencia, a acercarte, a ver más allá. A esta experiencia la llamo Santuario.

En nuestra discusión usaremos palabras tranquilizantes. Las palabras como *invitación, relación* y *rendición*. Sin embargo, no te engañes. Nuestro objetivo es la Grandeza: un Gran Dios actuando en ti y en tu Sueño a fin de llevar a cabo Grandes Cosas para Él.

El Santuario está lleno de sorpresas. Por ejemplo, Dios te ofrecerá regalos de valor incalculable que nunca pensaste pedir. Y Él pedirá un inestimable regalo de ti.

¿Estás preparado para lo maravilloso?

JUNTO A LAS TRANQUILAS AGUAS

La mayoría de los Soñadores sale de la Tierra Inútil sintiéndose agotado en lo espiritual y lo emocional. Se probó nuestra relación con Dios y, en muchos casos, se dañó por la desconfianza. A menudo, estamos en peor forma de la que nos damos cuenta.

Lo que nuestros espíritus necesitan con desesperación es un tiempo de tranquilidad, bienestar, restauración y transformación.

Me pregunto si David acababa de salir de sus años como refugiado en el desierto cuando escribió su más conocido salmo:

El SEÑOR es mi pastor, nada me falta;
en verdes pastos me hace descansar.
Junto a tranquilas aguas me conduce;
me infunde nuevas fuerzas[1].

Es probable que ya tú hayas tenido una experiencia de Santuario de algún tipo. Es posible que te pasara en un retiro o mientras estabas sentado en una roca contemplando el océano, arrodillado y llorando al frente en una iglesia o sumido en un devocional personal.

A diferencia de las anteriores etapas de tu viaje, el Santuario es un oasis, no un obstáculo. Es una pausa donde te invitan a encontrarte con Dios a fin de recibir renovación y hacer decisiones que afectarán de manera radical el resto de tu viaje.

Antes que Israel estuviera preparado para invadir Canaán, ellos necesitaban también el Santuario.

EL RETIRO ESPIRITUAL DE LA NACIÓN

Habían pasado cuarenta años desde que Israel abandonara a Egipto. Ahora estaban reunidos cerca del río Jordán, ansiosos por reclamar la tierra que fluía leche y miel.

No obstante, Moisés llevó al pueblo a un retiro espiritual. Reflexionó sobre todo su viaje. Revisó los Diez Mandamientos y su pacto con Dios. Y los guió a través del arrepentimiento y la nueva dedicación. Escucha su apasionado llamamiento:

> «Hoy pongo al cielo y a la tierra por testigos contra ti, de que te he dado a elegir entre la vida y la muerte, entre la bendición y la maldición. Elige, pues, la vida, para que vivan tú y tus descendientes. Ama al SEÑOR tu Dios, obedécelo y sé fiel a él, porque de él depende tu vida, y por él vivirás mucho tiempo en el territorio que juró dar a tus antepasados»[2].

Verás, su largo viaje llevó a los hijos de Israel a un lugar de decisión. Una elección. ¿Decidirían amar a Dios y ponerlo en primer lugar en sus corazones o no? Esa decisión está en el corazón de cada uno de los tres encuentros que aguardan en el Santuario por un Soñador.

Estos encuentros duran diferentes períodos y ocurren en un orden específico. Y cada encuentro es un prerrequisito para el siguiente hecho que cambia la vida.

Sin embargo, cada uno es solo una invitación. Eso significa que es opcional. Puedes decir sí y continuar. O puedes decir no y buscar un desvío.

Y lo que tú digas y hagas aquí determinará el futuro de tu Sueño.

Tres invitaciones

En la parábola, Ordinario despertó al lado de un arrollo y escuchó una invitación del Dador de Sueños a venir a su Santuario. Por lo tanto, Ordinario siguió el arrollo hasta un bosque. En un claro lleno de luz encontró un estanque de aguas tranquilas y sintió allí la presencia del Dador de Sueños.

Cuando tú entras al Santuario, el primer llamado que escuchas te invitará a dejar atrás la suciedad y las heridas de la Tierra Inútil.

«Ven a las aguas».

Dios te pedirá que vengas a su presencia por descanso y restauración... física, emocional y espiritual. El agua es un símbolo universal de renovación y nueva vida. Dios quiere restaurarte, por dentro y por fuera. Y después de la Tierra Inútil, ¡tú lo *necesitas*! «Cuando Ordinario salió del estanque, se habían borrado las últimas huellas de la Tierra Inútil».

El Santuario es un tiempo especial en tu vida. Y te cambiará. Sin embargo, a veces no le prestamos atención a la invitación de Dios a descansar, y Él tiene que ejercer presión sobre nosotros. Recuerdo una vez cuando la enfermedad me obligó a aminorar la marcha y a recibir la restauración que necesitaba con urgencia.

Las aguas de restauración te preparan para lo que viene a continuación.

Dios te invitará a una relación más íntima con Él.

«Ven a la luz».

No obstante, si eres como muchos, es posible que te resistas a la invitación de venir a la luz, aun cuando estás anhelando aceptarla. Durante una reciente experiencia de Santuario, me sentí más atraído a Dios que nunca antes, pero también más al descubierto. Mis faltas y pecados parecían más obvios que nunca y poco atractivos.

Por favor, ¡no rechaces su invitación! La Biblia dice: «Dios es luz y en él no hay ninguna oscuridad»[3]. Permite que la luz de Dios entre a las esferas oscuras de tu vida. Es una maravillosa y humilde experiencia. Pide y acepta el amor, el perdón y la sanidad de Dios.

La verdadera comunión solo es posible después de la limpieza. Y eso es cierto en cada relación. Una vez que se enfrentan y se resuelven los males del pasado, una amistad logra alcanzar nuevas profundidades.

Cuando tu relación con Dios se profundiza en una genuina confianza de su carácter, estarás preparado para la invitación final.

«Ven más alto».

Ahora Dios te pedirá que te consagres a Él... y que rindas tu Sueño.

Cuando Ordinario escuchó la petición del Dador de Sueños, se estremeció. ¿Devolver su Sueño ahora, después de todas las vicisitudes que enfrentó en su viaje? ¿Ahora cuando al fin veía su Gran Sueño resplandeciendo brillante en el horizonte? En todo su viaje desde Familiar, Ordinario jamás se aferró con más fuerza a su Sueño que en ese momento. Y ahora el Dador de Sueños quería que lo dejara ir.

¡Qué momento este en el viaje del Soñador! Lo que Dios pide parece demasiado *imposible*. Si ya llegaste a este lugar en tu viaje, sabes que no estoy exagerando.

IDENTIFICA AL VERDADERO PROPIETARIO

Nunca olvidaré una noche en Des Moines, Iowa, cuando Dios al parecer me hizo una petición imposible. Darlene Marie y yo habíamos estado pidiéndole a Dios que nos mostrara lo que tenía a continuación para nosotros. Esa noche me puse a orar: «Señor, hemos llegado muy lejos. ¿Qué viene a continuación?».

«Dame a tus hijos», fue su respuesta.

Al principio, estaba demasiado conmocionado para responder. Luego dije que no y me precipité en horas de confusión.

Luché con Dios hasta las tres de la mañana, cuando al fin fui capaz de entregar del todo a mis hijos y a mi esposa al cuidado de Dios. Fue doloroso, pero de liberación total, de rendición. Desde ese día, ya mi familia no me pertenece a mí, sino a Dios. Ellos son solo el regalo de Dios para mí, a fin de amarlos y protegerlos.

Si eres padre, comprendes de manera especial mi intensa lucha esa noche. Mientras más amamos las cosas, más nos aferramos a ellas, ¿no es así?

En otra experiencia similar, Dios puso su dedo directamente en mi Gran Sueño. Durante años estuve luchando por devolverle a Dios lo que comprendía que era el trabajo de mi vida: el creciente ministerio de Caminata Bíblica. Entonces llegó el momento cuando sentí con absoluta seguridad de que me pedía que implementara normas financieras que darían fin al ministerio.

Mirando atrás ahora, veo que estaba aferrado con más fuerza al regalo de mi Sueño que al mismo Dador de Sueños.

Dudaba. Cuestionaba. Racionalizaba. Oraba y oraba. Al final, llegó el momento cuando rendí en el altar el Sueño llamado Caminata Bíblica. Hice la decisión que sabía que era apropiada, se lo informé a nuestro equipo y me dirigí a casa, seguro de que el ministerio cerraría pronto sus puertas.

Cuando llegué a casa, le dije a Darlene Marie que, hasta donde podía decir, este capítulo de nuestra vida había terminado. Obligado a escoger entre Dios y mi Gran Sueño, escogí a Dios.

Sin embargo, Caminata Bíblica no cerró. En su lugar, Dios abrió muchas otras puertas y asombrosas oportunidades.

ÉL TE DA ALGO MEJOR

Cuando piensas en el Santuario, ¿dirías que describe el lugar en el que estás ahora mismo? Si dices que sí, enfrentas una de las tres invitaciones específicas:

1. ¿Permitiré que el amor de Dios traiga descanso y restauración a mi cuerpo, mente y alma?

2. ¿Permitiré que la luz de Dios brille en mi corazón y luego avance de la limpieza a la comunión?

3. ¿Le devolveré mi Gran Sueño al Dador de Sueños, sin añadir ataduras?

Cada una de esas invitaciones es rica con la posibilidad y la promesa. Aun así, la tercera invitación, la de rendir nuestro Sueño a Dios, es la más difícil de aceptar.

La rendición no es un hecho de una sola vez. En mi experiencia, rendimos otros Sueños más pequeños a través de nuestra vida. Eso quizá incluya posesiones, expectativas, una carrera, un pasatiempo, un estándar de vida o una lealtad personal: cualquier cosa que se interponga entre nuestro Sueño y su cumplimiento.

No obstante, llegará el día cuando Dios te pida que rindas el mismo Sueño. A menudo, te pedirá que des un tangible paso a fin de sellar tu decisión. Eso podría ser vender o regalar algo, firmar un contrato, mudarte o incluso renunciar.

Por supuesto, no *tienes* que devolver tu Sueño. Recuerda, cada decisión en el Santuario es una invitación. Y la verdad es que una inmensa mayoría de Soñadores deciden guardar sus Sueños. De modo que considera lo que está en juego.

Si no rindes tu Sueño, lo colocarás por encima de Dios en tu lista de prioridades. Avanzarás desde este momento con una brecha en tu relación con tu Dador de Sueños. Tu Sueño se convertirá en tu ídolo.

Y tu Sueño, sin importar cuán grande sea, fabricará un diminuto dios. Tu Sueño tiene el propósito de que sea más de lo que él es en sí o de lo que eres tú. Un Sueño que da Dios llega junto con lo que Él quiere hacer en su mundo *a través de ti*. Se supone que seas un río de bendición, no un charco que se seca al sol.

Es probable que reconozcas un Soñador propietario de Sueño cuando veas uno. Están en todas partes. Son siempre más pequeños y egoístas que lo que pretendía el Dador de Sueños. Se corrompieron. Se convierten en personas «de éxito», pero insatisfechas. Construyen la reputación de una persona, pero a menudo traen deshonra al Dador de Sueños. Hacen más daño que bien, y a veces mucho más.

Te preguntaré algo. ¿Has llegado lejos y aprendido muchísimo sobre el carácter del Dador de Sueños y los deseos para ti solo para conformarte con *eso*?

Jorge Mueller, quien fue «padre» de muchos miles de huérfanos en la Inglaterra del siglo diecinueve, dijo: «Nuestro Padre celestial

nunca toma nada de sus hijos a menos que quiera darles algo mejor».
¡Estoy de acuerdo!

Por lo tanto, Soñador, te reto a que de manera incondicional le entregues tu Gran Sueño a Dios. Ponlo en sus manos y aléjate. No estoy hablando de una rendición simbólica, sino de una real. Mientras más hayas luchado por tu Sueño, más difícil será la decisión. Sin embargo, Dios comprende con exactitud lo que has estado atravesando y cómo te sientes.

Recuerda quién es Él y que ha probado la verdad sobre Él mismo en tu vida. Luego obedece. Decide poner antes al Dador que su regalo en tu vida.

Quizá parezca como el mayor paso de fe que has dado hasta ahora. Aun así, abrirá la puerta a un Sueño *a la medida de Dios* en tu futuro.

Conversaciones con el Entrenador del Sueño

«Si Dios me ama tanto, ¿por qué no nos da más poder a fin de lograr nuestro Sueño, en lugar de pedirnos que se lo devolvamos?»
Augusto, Sao Paulo, Brasil

¡Es muy importante saber que Dios se preocupa de *ti* incluso más que de tu Sueño! Y lo que Él más quiere contigo es una relación floreciente. Así que te animo a recibir su amor con confianza. Descubrirás, como muchos lo han hecho, que es solo al pasar más tiempo en comunión con Dios que puedes hacer más por Él.

A pesar de eso, la relación con Dios se trata de mucho más que sentimientos de afecto. Justo delante está el Valle de los Gigantes y Dios te prepara para que tengas éxito allí. Si no confías en Él con tu Sueño ahora, es probable que caigas en la Incredulidad cuando enfrentes a tus Gigantes.

∽

«Usted dijo que las decisiones en el Santuario son opcionales y que muchos Soñadores les vuelven las espaldas. Eso significa que un Soñador puede simplemente avanzar con su Sueño y nunca

enfrentarse con problemas de pecado. ¿Cómo esta decisión afectaría el futuro del Sueño de ella?

Marita, Manhattan, Nueva York

Tú puedes negarte a tratar los asuntos en el Santuario y todavía seguir tras tu Sueño, pero nunca serás todo lo que Dios tiene en mente para ti, ni lo lograrás. Todos tenemos que enfrentarnos con asuntos de pecados. El pecado que se repite, los grandes pecados y el pecado no confesado impedirán lo que Dios quiere para ti.

Por supuesto, Dios no se impresiona cuando un Soñador se aparece por el Santuario arrastrando todavía una larga lista de asuntos sin terminar. La verdad es que cuando por primera vez nos pusimos en marcha hacia nuestro Sueño, no veíamos algunas esferas oscuras de nuestra vida que ahora son tan obvias.

Con todo, no vayas haciendo un compromiso tras otro cuando puedes venir con total libertad a la luz de Dios. No existe tal cosa como un Sueño de verdadero éxito aparte de un Soñador limpio.

LOS QUE CAMBIAN EL MUNDO ENTRE NOSOTROS

Si tú estás hoy en el Santuario, te encuentras en un lugar muy prometedor. Puedes seguir con mucho anhelo, como lo hizo Ordinario, hacia lo que Dios tiene para ti. Lo que te espera allí es un nuevo Sueño tan grande como el Sueño de Dios para el mundo.

Hay algo memorable en un Soñador que atraviesa el Santuario. Todos los líderes que más admiro han pasado muchas veces por el Santuario. Tienen una calmada y profunda influencia que otros no tienen. Creo que eso se debe al mucho tiempo que pasan en la presencia del Dador de Sueños, después que se apartan de Sueños menores a lo largo del camino.

Aun así, las Cosas Grandes no son solo el legado de pocos comunes y dotados Grandes Hombres y Mujeres. Las Grandes Cosas son las que *tú lograrás* cuando pongas primero a Dios y lo conviertas en el dueño de todo lo que más valoras.

La Grandeza es tu verdadero futuro. ¿Estás preparado para lo maravilloso?

CAPÍTULO TRECE

EL CORAZÓN DE UN GUERRERO

En la mañana, Ordinario entró a un extenso valle que parecía encaminarse a la Tierra de la Promesa. Sin embargo, pronto llegó a un cartel que decía: «¡Cuidado, Soñador! ¡Valle de los Gigantes!».

Ordinario se quedó mirando el cartel. Así que los Soñadores que regresaron tenían razón. Los Gigantes eran reales.

¿Qué debía hacer? No tenía armas. No tenía plan. Aun así, su Gran Sueño era más grande que nunca. Y él confiaba en el Dador de Sueños.

Por lo tanto, decidió ponerse en marcha.

Cuando por primera vez te pusiste en camino en tu viaje, los Gigantes eran la última cosa que tenías en mente. Sabes que naciste para un Gran Sueño, no para grandes peleas.

Estoy seguro que un joven pastor llamado David no pensaba que había nacido para enfrentarse con un Gigante. Ni siquiera después que matara a un león y un oso. Ni siquiera después que el profeta Samuel se le apareciera en la casa de sus padres a fin de ungirlo para el asombroso Sueño de Dios en la vida de David: desarrollarse para ser rey[1].

Sin embargo, una tarde, se plantó allí, un simple adolescente y la única persona en Israel que *no* podía dejar de enfrentarse contra el enorme y opresivo, y que deshonraba a Dios, Goliat.

Mientras que dos ejércitos observaban con asombro, David se encaminó a encontrarse con su Gigante. «Yo vengo a ti en el nombre del SEÑOR Todopoderoso, el Dios de los ejércitos de Israel», gritó. «Hoy mismo el SEÑOR te entregará en mis manos».

Luego puso una pequeña piedra en su honda y *la lanzó directo hacia Goliat*.

Momentos después, la piedra encontró su blanco. El Gigante se vino abajo.

Esa sorprendente victoria sobre un Gigante logró muchísimo. Trajo renovada esperanza al Sueño de Israel de libertad de la opresión. Abrió los corazones de los israelitas a un muchacho que nació para ser su rey. Y trajo gran honor a Dios.

Este capítulo es acerca de Gigantes y cómo derrotar a los *tuyos*.

Si te enfrentas hoy a un Gigante, quiero animarte. No has cometido un error ni te has desviado. No te has quedado mirando la derrota a la cara. Es más, ¡serías un tonto si te vuelves atrás!

¿Por qué? Porque tu Gigante es una fuerte evidencia de que estás en el buen camino para lograr el Gran Sueño que está en tu corazón.

LOS MUCHOS ROSTROS DE LOS GIGANTES

Un Gigante es un muy real y total perturbador obstáculo que encuentras en el camino a tu Sueño.

Vencer a un Gigante exige que uses todo lo que has aprendido hasta ahora en el viaje a tu Sueño, incluyendo valor, sabiduría, confianza, constancia y rendición a Dios. Necesitarás el poder de Dios a fin de vencer un Gigante, y a veces te hará falta un milagro tras otro.

Puesto que tu Sueño es único, los Gigantes que enfrentarás serán únicos para ti, para tus circunstancias y tu Sueño. Mira a ver si reconoces alguno de estos Gigantes:

La falta de recursos. Tú no tienes el poder, las finanzas, los recursos, las conexiones, los estudios ni las oportunidades que te hacen falta para hacer realidad tu Sueño. Si esa necesidad crítica no se satisface, no puedes avanzar. Y no encuentras ninguna solución a la vista.

El sistema inamovible. Debes buscar tu camino a través del laberinto de un sistema burocrático o legal, pero no logras encontrar siquiera la puerta principal.

La oposición de grupo o individual. La gente con los medios para ayudar a que se haga realidad tu Sueño, no lo hacen. O trabajan de manera activa en tu contra. Quizá te enfrentes a prejuicio racial o social que parece poner tu Sueño fuera del alcance.

La intimidante circunstancia. Esta es una situación que va más allá de tu control. Por ejemplo, tu Sueño está en Nueva Jersey, pero a tu esposo lo transfirieron a Tokio. O no puedes perseguir tu Sueño porque debes cuidar a un miembro de la familia inválido.

La aplastante carga física o espiritual. Tu oportunidad está limitada por una enfermedad, un reto físico o la adicción. O enfrentas un asunto espiritual de algún tipo que te impide avanzar.

Dedica un momento para considerar los Gigantes que has enfrentado hasta ahora en tu vida. ¿Puedes nombrarlos? ¿Cómo conseguiste pasarlos, si es que lo hiciste?

Ahora déjame preguntarte, cuando enfrentaste un Gigante en el pasado, ¿creías que Dios te ayudaría? ¿Y Él lo hizo?

Estas son preguntas importantes. A menos que creas que Dios se manifestará, es bastante improbable que derrotes (o incluso luches) a un Gigante. Es por eso que el Comandante le dijo a Ordinario: «¡La Incredulidad es más peligrosa para tu Sueño que cualquier Gigante!».

Como lo descubrió Israel, la incredulidad y la rebelión pueden descarrilar un Sueño por años.

El plan de batalla más insólito

De los doce espías escogidos y enviados a Canaán, ¿piensas en realidad que diez eran cobardes? No lo creo. Considero que miraron las ciudades amuralladas, los ejércitos altamente preparados y los Gigantes en la Tierra Prometida, y regresaron a Moisés con un razonable infor-me: *El enemigo es muy fuerte. Parecemos débiles en comparación. Por lo tan-to, no debemos atacar.*

Sin embargo, mientras su evaluación militar quizá fue bien pen-sada, su fe falló por completo. Josué y Caleb querían avanzar, pero los otros diez espías les temían más a los Gigantes que lo que confia-ban en Dios. Sus argumentos enviaron una nación a una vertiginosa Incredulidad y se volvieron al desierto.

Fue una terrible derrota para el Sueño de Israel, y desperdiciaron los siguientes cuarenta años vagando en el desierto.

Por supuesto, cuando Israel regresó después de cuatro décadas a probar de nuevo, los mismos Gigantes seguían bloqueando su pro-greso. Con todo, esta vez Israel rechazó el temor y decidió confiar en Dios. Ahora estaban preparados para avanzar bajo la dirección del Dador de Sueños, quien prometió: «Yo les entregaré a ustedes todo lugar que toquen sus pies [...] no te dejaré ni te abandonaré»[2].

Aun así, Dios se enfrenta a los Gigantes de manera diferente a nosotros y su plan para la conquista de Jericó fue una increíble sor-presa. Le dijo a Josué que el pueblo atacaría la ciudad mediante un simple paseo a su alrededor. Luego, en el tiempo preciso, tocarían las trompetas y gritarían. Si Israel hacía con exactitud lo que le decía, se derrumbarían las murallas de Jericó.

¿Te imaginas de cuánto valor se tendría que llenar Josué a fin de decirle a su ejército que planeaba conquistar una ciudad mediante un paseo a su alrededor y haciendo mucho ruido? Josué se arriesgó al rechazo y a la humillación como líder, mientras que Israel enfrenta-ba la derrota total.

¿Alguna vez Dios te ha pedido que corras un gran riesgo, con el propósito de enfrentar un Gigante por tu Sueño? Cuando Él lo hace, algo importante está en juego. Porque, como verás, tu Gigante exis-te en primer lugar debido a que Dios está haciendo algo más gran-de que tú, más grande que tu Sueño, más grande incluso que una victoria.

¿Cuál es ese propósito? Si Dios tiene el poder de dividir el mar con una vara o derribar una ciudad con un grito, ¿por qué no va a usar todo el poder para eliminar nuestros Gigantes de una vez por todas?

LA RAZÓN DE LOS GIGANTES

Durante mucho tiempo, yo busqué la respuesta. Aun así, me eludía a cada paso.

Entonces un día me di cuenta de que había estado observando a los Gigantes desde mi perspectiva, ¡y no desde la de Dios!

La ocasión fue una conferencia para varios cientos de Soñadores en África del Sur. Estaba en medio de la presentación, frase por frase, de una lista de lo que Dios dijo acerca del porqué a veces decidía realizar milagros a fin de derrotar a los Gigantes de Israel.

De repente, surgió un patrón de verdad, un patrón que de algún modo pasé antes por alto. Observa el recurrente mensaje en estos versículos:

«Así sabrán que yo soy el SEÑOR su Dios, que los libró»[3].

«Para que sepas que no hay en toda la tierra nadie como yo»[4].

«Para que mi nombre sea proclamado por toda la tierra»[5].

«Para que puedas contarles a tus hijos y a tus nietos la dureza con que traté a los egipcios [...] Así sabrán que yo soy el SEÑOR»[6].

«¡Voy a cubrirme de gloria a costa del faraón y de su ejército, y de sus carros y jinetes! Y cuando me haya cubierto de gloria a costa de ellos, los egipcios sabrán que yo soy el SEÑOR»[7].

«Esto sucedió para que todas las naciones de la tierra supieran que el SEÑOR es poderoso»[8].

Ninguno de nosotros en esa conferencia pasaría por alto el mensaje. ¿Tú lo ves también?

Dios quiere que lo conozcan y lo honren por quien es Él. Los gigantes son la principal oportunidad de lograr que se conozca su poder y bondad en un mundo dudoso. Y cuando Él decida derrotar un Gigante a través de un milagro, es decir, un hecho que no se puede explicar de ninguna manera que no sea que «¡Dios lo hizo!», Él recibe toda la gloria.

La conferencia se detuvo por completo. Pusimos a un lado el cuaderno del Dador de Sueños. Sentimos una tremenda necesidad de cambiar nuestra forma de pensar en cuanto a nuestros Gigantes. A continuación, y allí, le pedimos perdón a Dios por cómo nuestra equivocada manera de pensar nos guió a huir de los Gigantes en el pasado.

Los guié a todos en una sentida oración de nueva entrega: «Querido Dios, perdónanos por huir de los Gigantes que teníamos delante. Nunca más huiremos de nuestros Gigantes. Por favor, envíanos al Gigante de los Gigantes, ¡pues queremos traerte la mayor y más grande gloria posible!».

Ahora déjame preguntarte esto: ¿Necesitas revisar de manera radical tus creencias y actitudes acerca de los Gigantes? ¿Estás preparado para buscar a tus mayores Gigantes y venir en su contra como un Guerrero para la gloria de Dios? ¿Estás preparado para parecer ridículo, correr riesgos, sentirte débil y pequeño de modo que el poder y la bondad de Dios sean evidentes para todos?

Si te has *alejado* de lo que Dios quiere para ti en lugar de ir hacia allí, dile a Dios que nunca más le pedirás que quite a tus Gigantes. En cambio, avanzarás *hacia* cada Gigante que se interponga entre tú y tu Sueño.

CONVERSACIONES CON EL ENTRENADOR DEL SUEÑO

«Quiero correr el riesgo de la fe, pero no sé qué hacer. ¿Qué es en realidad correr un riesgo?»
Celia, Miami, Florida

Tú corres un riesgo cuando algo importante está en juego, y podrías perder, pero que decides continuar por Dios. David corrió un riesgo al presentarle batalla a Goliat. Para ti, quizá sea una llamada telefónica o un compromiso público.

Un riesgo de fe te lleva hacia tu Sueño, aun si consideras que no es cómodo para ti. Un riesgo que he corrido en los últimos tiempos es el de una postura firme contra la corrupción en las naciones del Tercer Mundo. Corro el riesgo de perder el favor de los que están en el poder, de esos que se benefician de manera inapropiada. Sin embargo, estoy determinado a no rendirme ante ese codicioso Gigante.

∽

«Nuestra junta de ancianos parecía cegada por la Incredulidad en cuanto a qué podíamos hacer en nuestra comunidad. ¿Cómo ayudarlos a enfocarse en lo que Dios quiere hacer y no en nuestras dudas y limitaciones?»

Greg, Los Ángeles, California

La Incredulidad te tiende una trampa para la derrota aun antes de comenzar. Experimenté esto mientras dirigía un grupo que trataba de derrotar un enorme Gigante de la comunidad. Aplastó el Sueño del grupo y nuestros Sueños individuales también. La Esperanza se agotaba por minuto.

Entonces sugerí que nos detuviéramos a pensar en el Gigante y comenzáramos a nombrar en voz alta los milagros de la Biblia. Para cuando teníamos nombrados veinticinco, nuestro Gigante había empequeñecido de manera extraordinaria y nuestra fe crecía en gran medida. Nuestra renovada esperanza en Dios le dio una voltereta total a la reunión.

EXTIENDE TU MANO PARA TOMAR TU PIEDRA

La Biblia dice que «el SEÑOR recorre con su mirada toda la tierra, y está listo para ayudar a quienes le son fieles»[9].

Los Soñadores que sé que están cambiando el mundo conocen un secreto: Dios está deseoso de mostrarse poderoso con los Soñadores que corren el riesgo de hacer lo que Él quiere hacer. ¿Estás preparado para ser testigo de primera mano de ese tipo de poder en acción en tu mundo? Creo que sí.

Espero que este capítulo te haya alentado a valorar las grandes oportunidades que te aguardan en tu Valle de los Gigantes. Existen muchísimos Goliat en nuestro mundo y muy pocos David. Tú tienes el llamado a adoptar una postura por el Dador de Sueños, tú solo si es necesario. Aun así, las recompensas son grandes. Por lo tanto, no te rindas. Tú *eres* un Guerrero.

Tu Sueño se encuentra en la dirección de un abrumador obstáculo. Si vas hacia allí hoy, honrarás a Dios. Y experimentarás una vida marcada por milagros a medida que Dios interviene a tu favor.

Ese Gigante que se levanta ahora mismo delante de ti está en contundente desafío contra la humanidad, contra ti, contra el Sueño de Dios para su mundo.

Guerrero, ¿no es el momento de que extiendas tu mano para tomar tu piedra?

CAPÍTULO CATORCE

HAZ REALIDAD
TU GRAN SUEÑO

Un día, Ordinario se puso a vagar cerca de las puertas de la ciudad. A medida que caminaba, hablaba con los amistosos hijos de Cualquiera que lo seguían.

Entonces escuchó al Dador de Sueños decir:

—¿Qué ves?

Ordinario se detuvo. Miró a los rostros de los niños.

—Veo bellos Cualesquiera en gran necesidad —dijo.

—Sí —dijo el Dador de Sueños—. ¿Qué más ves?

Entonces Ordinario levantó los ojos. A duras penas daba crédito a lo que veían sus ojos. ¡Grabado en la puerta estaba el Nombre de su Sueño!

—Tu Gran Sueño yace aquí —dijo el Dador de Sueños.

Bajamos del avión en el otro lado del planeta, felices de que al fin habíamos llegado a nuestra Tierra de la Promesa.

Johannesburgo es una bella ciudad sobre una meseta en el sur de África. Debajo de las calles se encuentran los más ricos yacimientos de diamantes y oro. Aun así, arriba, en las calles, hay una gran necesidad.

Nos arremangamos las mangas y pusimos nuestro hombro a una creciente lista de ministerios y proyectos humanitarios en el sur de África. Desarrollamos recursos de preparación y conferencias para líderes y pastores. Hicimos avances entre líderes y presidentes en varias naciones de África. Y nos asociamos con un gran movimiento en respuesta al SIDA.

Sin embargo, la necesidad que robó nuestro corazón fue la penosa situación de los niños.

A través del sur de África, la epidemia de sida ha dejado más de trece millones de niños sin padre y madre. Cada día, ocho mil personas en el África subsahariana mueren de sida, mientras que otras catorce mil contraen el VIH.

Como Ordinario, quizá esperábamos que la apariencia de nuestro Sueño fuera diferente a este cuadro de muerte, agonía y soledad, otra cosa que no fuera la inmensa Gran Necesidad que viéramos jamás. Es posible que esperábamos escuchar: «¡Enhorabuena, Soñadores! ¡Han llegado!».

No obstante, lo que oímos en cambio fue la amable pregunta del Dador de Sueños: *¿Qué ves?*

Y lo que vimos quebrantó nuestros corazones.

Con gratitud, encontramos más que solo sufrimientos y crueles estadísticas. Descubrimos que las grandes necesidades de este continente concuerdan con nuestros más profundos deseos de marcar una diferencia en este mundo. Ahora cada día sentimos un creciente anhelo de verter nuestras pasiones, habilidades y esfuerzos en este Sueño.

En este capítulo, quiero enseñarte una o dos tomas de mi viaje personal. Considera esto como una carta a casa de Bruce «Ordinario» Wilkinson en la Tierra de la Promesa.

Las historias son nuestras, pero espero que veas tu vida en cada palabra. No necesariamente el lugar, ni siquiera la dirección de mi trabajo, sino el cuadro de un consumado Sueño, el tuyo, que espera a hacerse realidad.

Si estás llevando a cabo tu Sueño ahora mismo, es de esperar que encuentres perspectivas de cómo lograr aun más por Dios en tu Tierra de la Promesa.

Y si aún no has realizado tu Sueño, incluso si no has dejado Familiar, espero mostrarte cuán urgente es para ti que te dirijas ahora a tu rumbo con todo tu corazón.

Pequeñas gotas de esperanza

¿Cómo una persona comienza a comprender la realidad de trece millones de huérfanos?

Quizá así: Poner los habitantes de Los Ángeles y Nueva York juntos. Que ambas metrópolis combinadas estén compuestas solo de niños necesitados. Que en toda esa ciudad no existan ni una madre ni un padre. Que haya casas desvencijadas donde un niño de nueve años sea el cabeza de familia. Que su hermana de seis años de edad abandone la casa cada mañana para buscar alimento.

Y ahora permitir que esos niños sean tuyos.

Cuando comenzamos a ver de primera mano las necesidades de los huérfanos, nuestro Gran Sueño comenzó a parecer una pesadilla.

Noche tras noche orábamos: «Señor, ¡muéstranos qué podemos hacer!». Comenzamos haciendo lo que podíamos. Regalábamos dinero. Regalábamos ropas. Visitábamos «familias» de niños que vivían en chozas de lata.

Aun así los esfuerzos eran como pequeñas gotas de esperanza en un océano de sufrimiento.

A petición del presidente de Kenya, comenzamos a trabajar en *Beat the Drum* [El golpe del tambor], una importante película acerca de la crisis del sida en África. La película sigue a un muchacho llamado Musa en un viaje desde su aldea, donde murieron sus padres, a la ciudad, donde esperaba encontrar a un pariente vivo.

Un día estábamos filmando una escena en una esquina en Johannesburgo. Y cuando las sesenta personas del equipo llegaron al lugar esa mañana, la verdadera historia ya estaba esperando.

Los agentes de la policía se agrupaban alrededor para cumplir con los trámites necesarios. En la noche, un muchacho de la edad de

Musa murió en la acera, víctima del hambre y de estar expuesto a los elementos. Nadie sabía su nombre ni de dónde venía.

El personal trabajó llorando todo el día en nuestra película acerca de Musa, estremecidos pero determinados a que la muerte del huérfano sin nombre no fuera en vano.

Esa noche mientras cenábamos con unos amigos, Darlene Marie y yo escuchamos hablar acerca de una pareja propietaria de una granja al norte de nosotros. Cada mañana al amanecer, los huérfanos se reunían a su puerta de entrada pidiendo alimentos. La pareja respondía con tanta generosidad como les era posible. Sabían que si no lo hacían, algunos de los niños rechazados morirían.

El rumor corrió con rapidez. El número de niños hambrientos aumentó a cientos cada mañana. Todavía la pareja se negaba a rechazarlos. Al poco tiempo, les habían dado todos sus alimentos y productos agrícolas, y agotaron todos sus ahorros para comprar más.

Su noble sacrificio al fin terminó cuando la esposa tuvo una crisis nerviosa y la pareja se mudó.

Esa noche, Darlene Marie y yo fuimos angustiados a casa. Sin duda, el alcance de nuestra respuesta a las necesidades de los huérfanos apenas se correspondía con el grado del problema.

NO TE OCULTES

No mucho después, mi hijo, David, me condujo en el auto a través de un pueblecito pobre donde había encabezado una iniciativa contra la pobreza. Estaba sorprendido de todos los niños que vagaban por las calles. En muchísimas esquinas, diferentes niños correrían a nuestras ventanillas en busca de alimento.

Me volví a mi hijo y le hice una pregunta que cambiaría el curso y el tamaño de mi Sueño: «¿Qué quiere Dios que se haga con los huérfanos?».

La respuesta de David fue intuitiva y casi inmediata. «Dios quiere que se amen y cuiden a los huérfanos», dijo. «Quiere que tengan alimentos y un hogar».

Mientras él estaba hablando, las palabras que yo había leído hacía poco en el libro de Isaías taladraron mi corazón. Busqué mi Biblia y leí en voz alta:

¿No es acaso el ayuno compartir tu pan con el hambriento y dar refugio a los pobres sin techo, vestir al desnudo y no dejar de lado a tus semejantes?[1]

La respuesta era ineludible. Nosotros *sabíamos* lo que Dios quería hacer. Y nosotros no podíamos, ni debíamos, ocultarnos.

Volví al texto y seguí leyendo:

Si así procedes, tu luz despuntará como la aurora, y al instante llegará tu sanidad; tu justicia te abrirá el camino, y la gloria del SEÑOR te seguirá. Llamarás, y el SEÑOR responderá; pedirás ayuda, y él dirá: «¡Aquí estoy!»[2]

Dios prometió proveer, proteger, responder, estar siempre con nosotros. ¿Cómo entonces podíamos decir no a lo que Él quería que se hiciera?

Nos habíamos estado preguntando «¿Qué podemos hacer?». Con todo, esto trajo inadecuados resultados. Ahora nos dimos cuenta que cada Soñador es invitado a mirar a una Gran Necesidad a través de los ojos de Dios, entonces la pregunta es: «¿Qué quiere Dios que se haga?».

CAMBIA LA SITUACIÓN

Comenzamos a operar de una nueva manera. El tamaño de la Necesidad se convertiría en el tamaño de nuestro Sueño.

Por lo tanto, nos negamos a comenzar con los recursos a mano y a lo que *pensábamos* que tendría éxito. En su lugar, empezamos con lo que hacía falta hacer, sin importar cuán intimidante fuera, y trabajamos hacia un plan a partir de allí.

No demoró mucho antes que se presentara una mayor oportunidad. Patrocinamos una conferencia de cinco días de «Turn the Tide» [Cambia la situación] a fin de preparar a pastores, líderes y laicos. La conferencia estaba conectada vía satélite con las iglesias y organizaciones de todo el sur de África. Sobre la marcha de la conferencia, abrí mi corazón acerca de los huérfanos. Y presenté un plan, que nuestro equipo había desarrollado, llamado «Turn the Tide for Children» [Cambia la situación de los niños], con el propósito de trabajar con las iglesias e iniciativas basadas en la fe a través de África.

Sin embargo, mi reto a los participantes fue específico. Le pedí a este grupo que patrocinaran a mil huérfanos con ciento cincuenta rands (unos veinte dólares) al mes. En una reunión anterior solo se llegó al patrocinio de trescientos huérfanos, nos dijeron, pero eso sucedió en Estados Unidos. Esto era África. Le dije al auditorio que si lográbamos encontrar patrocinadores para mil huérfanos, ¡todos podríamos *saber* lo que era Dios actuando!

Entonces elevé el patrocinio. «Y estoy orando por una familia aquí a fin de que patrocine a otros mil».

El auditorio se quedó boquiabierto.

Aun así, cuando se hizo todo el conteo, se habían patrocinado mil huérfanos. Entonces se presentó una familia y dijo que ellos hacía tiempo deseaban hacer algo por los huérfanos. Ellos patrocinaron mil niños. El aplauso estalló a través de la concurrencia y en los sitios de enlace por toda África.

Tomamos a pecho el Gran Sueño de Dios por los huérfanos. Y Él cumplió su promesa de una manera asombrosa.

Con todo, el día no había terminado. Después del servicio, estaba tomando una taza de café cuando subieron tres hombres. El Señor les habló, dijeron. La compañía de su propiedad patrocinaría a otros mil niños.

¡Tres mil patrocinados en un día! Era un emocionante comienzo.

Nuestro Sueño por el cuidado del huérfano, junto con muchas otras iniciativas ministeriales y humanitarias, continúa creciendo.

Turn the Tide for Children (Cambia la situación de los niños) comenzó a planear una masiva red de organizaciones probadas, movimientos basados en la fe, iglesias y orfanatos a través de toda África. Nuestro Sueño es que cada orfanato tenga una escuela, una granja independiente con ganado, preparación en valores bíblicos, tutoría y equipamiento en negocios. La próxima generación de líderes africanos se va a levantar de esos millones de huérfanos como Soñadores que matará a los Grandes Gigantes del continente.

A pesar de todo, el tiempo está corriendo. En Botswana, solo a tres horas al norte de donde vivimos, cuatro de cada diez adultos mueren de sida. Las iglesias, agencias y familias voluntarias en la región no dan abasto con la necesidad.

Sin embargo, creo que vamos a ver uno de los mayores milagros en la historia moderna. ¿Por qué? ¡Solo mira el tamaño de nuestro Gigante! Y dedicados Guerreros se levantan y los atacan.

¿Serás Poderoso?

¿Por qué ese muchacho sin nombre murió en la acera? Creo que su Necesidad era el Sueño de alguien: un Grande e importante Sueño que no se había adoptado ni perseguido.

Esa es una sobria conclusión, lo sé.

Con todo, desde luego, no puede ser la voluntad de Dios que algún niño muera solo y abandonado. Sin duda, Dios colocó un grupo particular de intereses y habilidades en una persona, en algún lugar de este mundo, y puso a esa persona en un tiempo y espacio donde las Grandes Cosas podrían pasar, *debían* haber pasado, por ese niño.

¿Correrás el riesgo que tantos han evitado?

Incluso después de su gran victoria en Jericó, a Israel le llevó muchos años para conquistar la tierra de Canaán. Su encargo era conquistar, dividir y asentarse en *toda* la tierra. Y la fe de la nación se agotó antes de que su Sueño se realizara por completo. Muchas áreas de Israel jamás se conquistaron[3].

No obstante, dos Guerreros, Josué y Caleb, se arriesgaron en busca del Gran Sueño de Dios. Iniciaron grandes actos de fe a fin de reclamar más territorio para Él. Yo los llamo Poderosos en Fe.

Toma, por ejemplo, a Caleb. La mayoría de Israel ya estaba adaptada a la vida en Familiar cuando Caleb decidió atacar una ciudad en un monte que evitaron todos los demás. Le dijo a Josué:

«Dame, pues, la región montañosa que el SEÑOR me prometió en esa ocasión. Desde ese día, tú bien sabes que los anaquitas habitan allí, y que sus ciudades son enormes y fortificadas. Sin embargo, con la ayuda del SEÑOR los expulsaré de ese territorio, tal como él ha prometido»[4].

¿Ves el incierto resultado por el que Caleb estaba dispuesto a arriesgarse debido a que confió por completo en la palabra de Dios? De ninguna manera los Gigantes y las ciudades fortificadas cambian la promesa de Dios.

Me viene a la mente un tercer Guerrero que fue Poderoso en Fe. Su nombre era Jabes. Durante la época que siguió a Josué y Caleb, Jabes oró: «Bendíceme y ensancha mi territorio»[5]. Y el Señor contestó su oración.

¿Sería que Dios honró la oración llena de fe de Jabes debido a que este hombre estaba todavía haciendo realidad la comisión de Josué a fin de tomar *toda* la tierra para Dios? Creo que sí.

¿Serás un poderoso hombre o mujer de fe?

Pregúntate: *¿Cuán grande es todo mi territorio? ¿Qué pasaría si hiciera del tamaño de mi territorio (o necesidad) la medida de mi esfuerzo? ¿Cómo cambiaría la manera de enfocar la realización de mi Sueño?*

«Déjame mostrarte más»

Justo cuando Ordinario comenzó a sentir que su Sueño se había cumplido al fin, el Dador de Sueños dijo: *Déjame mostrarte más.*

Amigo, hay muchísimo más por delante para ti también. Me pregunto cómo responderás cuando ese suave murmullo venga a decirte que es tiempo de dejar Familiar una vez más.

Espero que te dirijas a tu nueva vida con confianza. Muchísimos Soñadores no lo hacen. Una vez que han logrado un Sueño, se acomodan para disfrutar y tratar de «poseerlo». No obstante, los Sueños no funcionan de esa manera. Ellos giran en sí mismos y, al final, se convierten solo en otro pequeño imperio de uno.

A pesar de eso, tú naciste para más. Tienes el llamado a ir tras cada vez mayores Sueños por Dios. Y Él irá contigo.

Por lo tanto, cuando lo escuches decir: *Ve más allá*, recoge tu mochila. Tu horizonte está lleno de promesa. Otro Gran Sueño está esperando por ti, y si no lo persigues, dejará de pasar algo importante.

Escribí este libro a fin de ayudarte en tu viaje… a fin de enviarte mi pluma. Mi oración es que te ayude a conducirte hacia un milagro tras otro para la gloria de Dios.

Una invitación
final

Se supone que la vida no sea imposible de comprender. Debemos ser capaces de reconocer las huellas de Dios en nuestras vidas. Es asunto nuestro decidir si cooperaremos con lo que Él está haciendo, tanto en nuestros corazones como en nuestro mundo. Dios te ha dado un Gran Sueño. Espero que este libro te haya convencido de ir tras tu Sueño con cada fibra de tu ser.

Cuando me encuentro con personas en todas partes del mundo, no hay nada que me agrade más que escuchar sorprendentes historias, e incluso milagrosas, de quienes han cambiado sus vidas debido a lo que han aprendido. Y si este libro te ha animado a dar el siguiente paso hacia la realización de tu Sueño, por favor, escríbeme y cuéntame acerca de esto. ¡Me encantaría tener noticias de tu Sueño!

Por supuesto, vivir tu Gran Sueño es mucho más complejo y desafiante de lo que se puede escribir en un libro de ciento veintiocho páginas. Visítanos en www.TheDreamGiver.com para buscar herramientas y recursos adicionales de entrenamientos, incluyendo un correo electrónico mío acerca de perseguir y vivir tu Sueño.

Espero saber de ti.

Ahora mi deseo es que te dediques al Sueño de Dios para ti. Y que el cielo te describa como una de esas personas poco comunes que vive a fin de lograr Grandes Cosas para la gloria de Dios.

NOTAS

Capítulo ocho

1. Salmo 139:16
2. Filipenses 3:12
3. Éxodo 13:4-5
4. Éxodo 3:7-10
5. Véase Hechos 7:25.
6. Véase Éxodo 2:11-25.

Capítulo nueve

1. Puedes leer la historia en Éxodo 3—4.
2. 1 Corintios 1:27.

Capítulo diez

1. Proverbios 29:25.
2. Éxodo 4:1.
3. Lee Éxodo 5:20-21.
4. Lee Números 13:17-33.
5. W.R. Moody, *The Life of Dwight L. Moody* [La vida de Dwight L. Moody], Barbour and Company, Westwood, NJ, 1985, pp. 430-431.

Capítulo once

1. Todo el libro de Deuteronomio es el texto del mensaje de Moisés al pueblo de Israel.
2. Santiago 1:2-4.
3. Hebreos 10:38.

Capítulo doce

1. Salmo 23:1-3.
2. Deuteronomio 30:19-20.
3. 1 Juan 1:5.

Capítulo trece

1. Lee 1 Samuel 16—17.
2. Josué 1:3, 5.
3. Éxodo 6:7.
4. Éxodo 9:14.
5. Éxodo 9:16.
6. Éxodo 10:2.
7. Éxodo 14:17-18.
8. Josué 4:24.
9. 2 Crónicas 16:9.

Capítulo catorce

1. Isaías 58:7.
2. Isaías 58:8-9.
3. Lee Josué 1; Jueces 1.
4. Josué 14:12.
5. 1 Crónicas 4:10.